UNIVERSITÉ DE PARIS — FACULTÉ DE DROIT

DES ACTES

DES

AUTORITÉS ADMINISTRATIVES

QUI ÉCHAPPENT A UN

RECOURS POUR EXCÈS DE POUVOIR

THÈSE POUR LE DOCTORAT
(Sciences politiques-économiques)

Présentée et soutenue le Samedi 10 Juin 1911, à 3 heures

PAR

LOUIS BÉGUIN

DIPLÔMÉ DE L'ÉCOLE DES SCIENCES POLITIQUES
AVOCAT A LA COUR D'APPEL DE PARIS

Président : M. BERTHÉLEMY, *professeur*
Suffragants : { MM. JACQUELIN, *professeur*
POLITIS, *agrégé*

LIBRAIRIE
DE LA SOCIÉTÉ DU
RECUEIL SIREY
22, Rue Soufflot, PARIS-5e
L. LAROSE & L. TENIN, Directeurs

1911

THESE

POUR LE DOCTORAT

UNIVERSITÉ DE PARIS — FACULTÉ DE DROIT

DES ACTES

DES

AUTORITÉS ADMINISTRATIVES

QUI ÉCHAPPENT A UN

RECOURS POUR EXCÈS DE POUVOIR

THÈSE POUR LE DOCTORAT
(Sciences politiques-économiques)

Présentée et soutenue le Samedi 10 Juin 1911, à 3 heures

PAR

LOUIS BÉGUIN

DIPLÔMÉ DE L'ÉCOLE DES SCIENCES POLITIQUES
AVOCAT A LA COUR D'APPEL DE PARIS

Président : M. BERTHÉLEMY, *professeur*
Suffragants : { MM. JACQUELIN, *professeur*
POLITIS, *agrégé*

LIBRAIRIE
DE LA SOCIÉTÉ DU
RECUEIL SIREY
22, Rue Soufflot, PARIS-5ᵉ
L LAROSE & L. TENIN, Directeurs

—

1911

DES ACTES
DES AUTORITÉS ADMINISTRATIVES
QUI ÉCHAPPENT
A UN RECOURS POUR EXCÈS DE POUVOIR

INTRODUCTION

I

La protection des Administrés contre la puissance publique fut l'objet d'une lente conquête à la fois législative et jurisprudentielle. Cette évolution constitue l'un des phénomènes les plus importants et les plus intéressants de l'époque moderne.

Avant la Révolution, le régime de police laissait les Administrés à la discrétion des fonctionnaires qui n'étaient responsables que devant leurs chefs.

Le droit révolutionnaire n'admit pas davantage que les réclamations contre les actes d'administrations puissent être portées devant les Tribunaux. C'est intentionnellement, et dans le but de briser les résistances qui pourraient s'élever contre le nouvel ordre politique et social, que l'Assemblée Constituante mit les Actes des Administrateurs comme ceux du législateur à l'abri de tout contrôle juridictionnel.

Un semblable régime fut supporté sous la République

parce que les Administrateurs actifs étaient élus comme les juges eux-mêmes ; il en résultait une responsabilité effective. Mais la situation changea lorsque, sous le Consulat et l'Empire, les Agents furent nommés par le pouvoir exécutif. Il fallut alors assurer des garanties aux citoyens contre l'abitraire administratif.

Deux moyens de protection se développèrent successivement au dix-neuvième siècle : l'exception d'illégalité et les recours directs.

L'exception d'illégalité a été créée par les Tribunaux judiciaires. (Cassation 3 août 1810. Devilleneuve 1re série, III. 1, p. 224). Elle a été consacrée par l'article 471 —15° du Code pénal révisé en 1832, qui punit d'amendes les contraventions aux règlements *légalement* faits par l'autorité administrative. Le législateur reconnaissait ainsi aux Tribunaux le pouvoir de vérifier la légalité de l'acte réglementaire avant de l'appliquer.

D'autre part, les réclamations directes, qui avaient été primitivement hiérarchiques ou gracieuses, se transformèrent en passant dans les mains des juges administratifs. Elles donnèrent naissance à deux voies de droit : les recours de pleine juridiction et les recours en annulation.

Les recours de pleine juridiction sont de véritables actions en justice par lesquelles les particuliers peuvent se défendre contre les violations du droit par les actes de l'administration. De plus en plus, le Conseil d'Etat tend à substituer à l'ancienne règle de l'irresponsabilité de la puissance publique celle de sa responsabilité

basée sur le principe de solidarité. L'indemnité allouée
aux victimes d'un acte administratif n'est plus accordée
à titre gracieux ou en vertu d'une vague idée d'équité,
mais bien plutôt en considération de ce que la puissance publique est responsable du dommage causé à
un citoyen par le fonctionnement des services organisés
dans l'intérêt de tous les citoyens (¹).

Les recours en annulation, perfectionnement de la
réclamation hiérarchique, ont pris eux aussi une
forme juridictionnelle ; ils sont dirigés contre des actes.
Lorsqu'ils attaquent les actes des agents juridictionnels
administratifs, ils s'appellent recours en Cassation.
Lorsqu'ils attaquent les actes de l'Administration active
ils sont désignés sous le nom *de recours pour excès de
pouvoir*. Quels qu'ils soient, les recours en annulation
tendent à obtenir des Agents administratifs le respect
de la légalité. « Les Administrateurs, dit M. BERTHELEMY,
ne sont pas les représentants de l'Etat omnipotent ;
ils sont les Agents désignés pour accomplir, chacun
dans la sphère de ses attributions, la tâche que le pro-
gramme légal leur assigne » (²). L'annulation des actes
irréguliers est la sanction des règles établissant les pouvoirs de l'Administration.

(¹) Voir les conclusions de M. Romieu, Conseil d'État, 27 février 1903
Zimmermann Lebon p. 179 et les conclusions de M. Teissier. Conseil d'État
29 mai 1903. Le Berre et 11 décembre 1903, Villenave. Aussi Teissier :
Responsabilité de la puissance publique.

(²) *Revue du droit public* 1904, page 227.

La jurisprudence du Conseil d'Etat a fait du recours pour excès de pouvoir plusieurs applications. D'abord, furent seuls annulés les actes des autorités administratives qui avaient manifestement empiété sur la Compétence d'une autre autorité. Puis on s'aperçut que l'incompétence peut revêtir d'autres aspects ; elle peut résulter de la violation des formes légales imposées à l'acte accompli. Il est clair, en effet, que ces formes sont des limites marquées aux pouvoirs de l'Administrateur ; si celui-ci les dépasse, il n'agit plus dans la sphère des attributions qui lui ont été conférées par la loi. L'incompétence peut encore résulter d'une fausse application de la loi qui n'a pas donné à un fonctionnaire le pouvoir d'agir dans le domaine où il a prétendu agir. L'incompétence peut enfin être la conséquence d'un détournement de pouvoir, lorsque l'Agent sans violer la loi dans son texte, l'a violée dans son esprit en agissant non dans l'intérêt général, mais dans son intérêt personnel.

Cette compréhension de l'excès de pouvoir s'est ainsi assez promptement élargie et les cas d'ouverture du recours ont été à peu près fixés au milieu du second Empire. « Il ne paraît pas, dit M. NEZARD (¹) qu'elle soit susceptible de nouveaux développements, presque toutes les illégalités de l'action administrative pouvant

---

(¹) Le contrôle juridictionnel des réglements d'administration publique. *Revue générale d'administration*, 1909, p. 135.

maintenant, tomber sous le coup de l'un des griefs énumérés ».

Mais, au contraire, on peut observer une incessante extension de la *recevabilité* du recours pour excès de pouvoir.

« L'évolution, dit M. NEZARD (¹) se dessina fort timidement sous la Restauration, à une époque où la juridiction administrative, dont l'existence était menacée, ne possédait aucune autorité. Mais elle s'est précipitée lorsque les Tribunaux administratifs ont été considérés comme partie essentielle de notre organisation politique, et surtout aux époques où s'est fait sentir d'une façon plus pressante la nécessité de protéger les individus contre l'arbitraire administratif ».

On peut dire que l'évolution a eu pour point de départ les sollicitations du législateur lui-même. Le gouvernement du second Empire, qui avait refusé aux Citoyens les garanties politiques découlant de la responsabilité ministérielle, donna aux Administrés une compensation en assurant, grâce au recours pour excès de pouvoir, la légalité de l'action administrative et la responsabilité de l'Administration. Le décret du 2 novembre 1864 dispensa notre recours du ministère d'Avocat et de tous frais autres que les droits de timbre et d'enregistrement. Vint ensuite la loi du 24 mai 1872 qui attribua au Conseil d'Etat un pouvoir propre de

(¹) *Loc. cit*, p. 135.

juridiction et lui conféra expressément le jugement du Contentieux de l'annulation. Enfin, la loi de finances du 17 avril 1906 (article 4) prescrivit l'enregistrement en debet du recours : le droit de timbre est aujourd'hui seul imposé au requérant au début de l'instance, le droit d'enregistrement n'étant dû par lui qu'éventuellement, au cas de rejet total ou partiel de sa requête. Nous pouvons ajouter, dès maintenant, que le décret du 2 novembre 1864 avait assimilé le silence du Ministre et la loi du 17 juillet 1900 le silence de toute autorité administrative, à une décision de rejet motivant un recours au Conseil d'Etat.

Ainsi encouragé par le législateur, le Conseil d'Etat continua d'interpréter le recours pour excès de pouvoir dans un sens de plus en plus favorable aux Administrés. Il restreignit de plus en plus les fins de non-recevoir, que sa jurisprudence antérieure avait opposées au recours. Il y a ainsi une tendance manifeste et heureuse à soumettre tous les actes émanés des autorités administratives au Contrôle des Tribunaux Administratifs.

C'est cette tendance que nous voudrions saisir dans quelques-unes de ses manifestations.

II

Le problème que nous nous proposons de résoudre est celui de savoir quels actes des autorités administra-

tives échappent au recours pour excès de pouvoir.
A première vue, il semble que ce problème ne se pose
même pas.

La loi du 24 mai 1872 dispose, en son article 9, ce qui
suit :

« Le Conseil d'Etat statue souverainement sur les
demandes en annulation pour excès de pouvoir contre
les actes des diverses *autorités administratives* ».

De ce texte, il convient de rapprocher l'article 471-15°
du Code pénal suivant lequel le juge examine la légalité
des réglements « *faits par l'autorité administrative* ».

Si on lisait simplement le texte de la disposition de
1872 et si l'on en tirait les conséquences, sans y rien
ajouter, on devrait dire que *tous les actes* émanés des
autorités administratives, *quels qu'ils soient*, sont soumis au recours pour excès de pouvoir. La loi, en effet,
ne distingue en aucune manière parmi ces actes, elle
ne se préoccupe ni de leur caractère, ni de leur contenu ;
elle décide que par ce fait seul qu'ils sont accomplis
par des autorités administratives, ils peuvent être attaqués par des recours. Une conception exclusivement
formelle semble donc avoir inspiré la loi de 1872. Et il
n'y a pas lieu de s'en étonner si l'on considère que
cette loi a été inspirée par la défiance de l'exécutif
et de l'Administration. M. Nezard l'a fort bien
montré (¹). Souvent la forme détermine le régime juri-

(¹) *Loc. cit.*, p. 275 et suivantes.

dique d'un acte. Cette affirmation vraie, en droit privé (force probante de l'acte authentique) l'est plus encore en droit public. Dans un système d'autorités hiérarchisées, un acte a d'autant plus de force qu'il est accompli par une autorité plus élevée. Les recours sont des garanties établies au profit des Administrés contre l'auteur de l'acte ; elles doivent être plus ou moins étendues suivant la situation de cet auteur et le degré de confiance qu'il inspire. Aussi n'y a-t-il pas de recours contre les actes du Parlement qui est en France l'autorité la plus élevée. La représentation populaire s'est soustraite à tout contrôle.

Au contraire, l'exécutif et l'Administration sont l'objet d'une crainte d'autant plus vive que notre pays a vu deux Républiques aboutir à deux dictatures ». C'est peut-être là, dit M. NÉZARD, le substratum moral qui a le plus efficacement contribué au développement des recours administratifs. C'est lui qui a facilité la transformation des recours gracieux et hiérarchiques en recours juridictionnels, c'est lui qui a favorisé ce prodigieux développement du recours pour excès de pouvoir au dix-néuvième siècle. Ces motifs politiques expliquent parfaitement pourquoi la loi n'a envisagé que la qualité de leur auteur pour déterminer quels actes devaient être susceptibles de recours. »

Ces considérations sont parfaitement vraies. Nous inspirant de l'esprit de la loi en même temps que de sa lettre, nous devrons donc dire qu'en principe, un acte accompli par une autorité administrative est susceptible de recours, quel que soit son caractère intrinsèque.

Mais il ne faut jamais être absolu. Tout principe comporte des exceptions, du moins dans le domaine des sciences juridiques et sociales. Le problème de la recevabilité des recours ne peut se résoudre entièrement par l'application de la théorie formelle. Certaines autres considérations méritent d'entrer en ligne de compte. Ne faut-il pas dans une certaine mesure avoir égard soit au contenu de l'acte émané d'une autorité administrative, soit à ses conséquences?

Nous sommes ainsi amenés à combiner la conception matérielle à la conception formelle dans l'interprétation de l'article 9 de la loi du 24 mai 1872. La rédaction de ce texte s'explique par les motifs politiques que l'on sait. Mais le législateur n'a ni pu ni voulu tout dire dans cette brève disposition. Encore moins celle-ci n'a-t-elle pu faire échec aux principes de notre droit public.

Cela étant, nous devons nous poser deux questions :

En premier lieu, n'y-a-t-il pas des actes qui, bien qu'émanés d'autorités administratives échappent au recours pour excès de pouvoir parce qu'il n'ont pas le caractère d'actes administratifs ?

En second lieu, n'y-a-t-il pas certains actes qui, émanés d'autorités administratives et possédant le caractère administratif, échappent néanmoins au recours pour excès de pouvoir, à cause de leurs caractères particuliers ?

La réponse à ces deux questions sera toute notre étude.

Dans une *première partie*, nous envisagerons, sous l'aspect qui nous occupe, les actes *n'ayant pas le caractère d'actes administratifs*.

Dans une *seconde partie*, nous nous occuperons des actes *ayant un caractère administratif*.

PREMIÈRE PARTIE

ACTES N'AYANT PAS LE CARACTÈRE
D'ACTES ADMINISTRATIFS

Un acte émané d'une autorité administrative échappe au recours pour excès de pouvoir s'il n'a pas le caractère d'un acte administratif.

Or, il n'existe, à notre avis, que deux cas dans lesquels une autorité administrative n'accomplit pas un acte administratif ; c'est celui où l'acte ne constitue pas une décision et celui où l'Agent n'agit pas en qualité d'autorité administrative.

Mais on a voulu refuser le caractère d'actes administratifs à deux catégories d'actes qui méritent pourtant d'être qualifiés ainsi. Nous voulons parler des actes dits de gouvernement par opposition aux actes d'administration, puis des règlements d'administration publique et des décrets-lois relatifs aux colonies rendus par le Chef de l'Etat.

Nous aurons donc à examiner ces deux groupes d'actes et à montrer comment la jurisprudence manifeste une heureuse tendance à leur restituer leur caractère véritable.

Cette première partie de notre étude sera ainsi divisée en *quatre chapitres* :

1° Les actes ne constituant pas des décisions ;

2° Les actes accomplis par des autorités administratives n'agissant pas en cette qualité ;

3° Les actes dits de gouvernement ;

4° Les règlements d'administration publique et les décrets-lois relatifs aux colonies rendus par le Président de la République.

CHAPITRE PREMIER

ACTES NE CONSTITUANT PAS DES DÉCISIONS

L'acte administratif est une décision ; seule une décision peut être attaquée par la voie du recours pour excès de pouvoir. Mais le mot décision a besoin lui-même d'être précisé.

Pour qu'il y ait une décision, il faut d'abord qu'on se trouve en présence d'un acte déterminé, d'un acte juridique précis (¹). Notre recours, en effet, ne permet pas d'attaquer une autorité administrative, mais bien un acte de cette autorité. De là, il découle qu'on ne peut attaquer en bloc tous les actes d'un Agent ; ce serait incriminer sa conduite générale, c'est-à-dire sa personne elle-même. C'est pourquoi le Conseil d'Etat a rejeté le recours formé contre les agissements d'un Maire pris dans leur généralité (4 mars 1904, Chevalier). Mais il serait absolument légitime d'attaquer tout un groupe d'actes d'un agent en critiquant successivement chacun d'eux.

(¹) Jèze : *L'année administrative,* 1901, page 142. Weber : *Le contentieux de l'annulation en matière administrative,* thèse Caen 1909, page 24.

De même, lorsqu'une opération administrative se compose de plusieurs actes, le recours est recevable avant que le dernier soit intervenu. C'est ainsi que l'inscription au tableau d'avancement d'un officier peut être attaquée avant que la nomination ait lieu (Conseil d'Etat, 15 décembre 1905, De la Taste); c'est ainsi encore que la décision d'un Conseil général portant concession d'un tramway peut être attaquée avant que le décret d'approbation soit intervenu (Conseil d'Etat, 4 août 1905, Martin). Les règles précédentes sont confirmées par l'arrêt THIBAUT du 1ᵉʳ juin 1906 et par l'arrêt Alcindor du 27 novembre 1908.

Est-il nécessaire que l'intéressé soit en face d'un acte positif de l'Administration? Logiquement la réponse semble devoir être affirmative. Car en l'absence d'acte positif on ne peut pas dire, à proprement parler, qu'il y ait une décision. Telle est, en effet, la solution qui a longtemps prévalu. Mais elle comportait de grands inconvénients. Elle favorisait le mauvais vouloir de l'Administration qui n'avait, pour échapper au recours, qu'à opposer aux réclamations des intéressés le silence et la force d'inertie. L'équité exigeait que l'on changeât cet état de choses. L'article 7 du décret du 2 novembre 1864 vint assimiler à une décision de rejet le silence gardé par les Ministres pendant plus de quatre mois, sur les réclamations portées devant eux contre les actes de leurs Agents. Mais lorsque ces Agents eux-mêmes demeuraient silencieux, fallait-il leur appliquer le dé-

cret? On ne le pouvait pas puisque le texte n'avait
nommé que les Ministres. Mais que décider lorsqu'un
intéressé dénonçait au Ministre le silence d'une autorité subordonnée et que le Ministre demeurait à son
tour dans le silence durant quatre mois?

Le Conseil d'Etat admit que l'intéressé pouvait alors
se pourvoir devant lui contre le silence du Ministre
(11 janvier 1866, Chabanne, et 6 mars 1869, Hervé).
Cette jurisprudence fut critiquée ([1]). Il est certain que
les arrêts avaient un peu dépassé le texte du décret,
lequel ne considérait le silence du Ministre comme
une décision fictive que lorsqu'il s'agissait de recours
formés contre les décisions, c'est-à-dire contre des
actes positifs, d'autorités subordonnées. Mais ces diffi-
cultés ont disparu depuis que la loi du 17 juillet 1900,
article 3, a généralisé la mesure du décret de 1864.
Cette loi a en effet disposé que « dans les affaires con-
tentieuses qui ne peuvent être introduites devant le
Conseil d'Etat que sous la forme de recours contre une
décision administrative, lorsqu'un délai de plus de
quatre mois s'est écoulé sans qu'il soit intervenu
aucune décision, les parties intéressées peuvent considérer leur demande comme rejetée et se pourvoir
devant le Conseil d'Etat ». Le silence gardé, pendant
quatre mois par une autorité administrative quelconque est donc assimilé à un refus qui peut être attaqué par la voie de l'excès de pouvoir.

([1]) Laferrière : *Juridiction administrative*, tome II, p. 431.

On considère donc qu'une abstention prolongée aussi longtemps que le prévoient les dispositions précitées, constitue une décision susceptible d'être attaquée par la voie contentieuse.

Mais un simple exposé de prétention ou une mesure d'instruction de la part d'une autorité administrative n'est pas une décision. Cela ne saurait faire de doute. Mais on s'est demandé si une décision qui n'est pas encore exécutoire serait susceptible de recours. La question se pose principalement pour les délibérations des assemblées administratives. Celles-ci ne sont parfaites que par l'approbation de l'autorité supérieure. Peuvent-elles être attaquées avant cette approbation ?

Le Conseil d'Etat a répondu affirmativement [1]. La solution contraire eut parfois rendu illusoire le recours pour excès de pouvoir, car les délibérations législativement approuvées auraient cessé d'être attaquables. Au surplus il n'est guère contestable que les délibérations dont il s'agit, mêmes lorsqu'elles ne sont pas encore exécutoires, sont des décisions.

On s'est également demandé si une mise en demeure de l'Administration constituait une décision [2] pouvant faire l'objet d'un recours pour excès de pouvoir.

---

[1] 24 Juillet 1885, fabrique de Giménillac. 1er février 1901, Decroix 4 août 1905, Martin (pour les délibérations des Conseils Généraux).

b) Vergniaud : *Des fins de non recevoir opposables au recours pour excès de pouvoir*. Thèse, Paris 1907, p. 37.

[2] Vergniaud, *loc. cit.*, p. 38.

Le Conseil d'Etat a répondu par une distinction très fondée. La mise en demeure a-t-elle un caractère comminatoire, c'est-à-dire menace-t-elle une ou plusieurs personnes d'exécution en cas d'inaccomplissement de la prescription, elle est une décision, causant directement un préjudice aux droits des particuliers, contre laquelle le recours est possible. Si, au contraire, la mise en demeure n'a pas ce caractère, elle échappe au recours pour excès de pouvoir (¹).

Toutefois la question de savoir si l'on se trouve en présence d'une véritable décision susceptible de faire par elle-même directement grief est parfois délicate, ce sera, en effet, très souvent une question de fait (voir notamment dans Lebon l'arrêt Pedron et autres, 20 février 1903, dans lequel le recours a été déclaré recevable et l'arrêt Lebas, 20 juin 1903, où il a été au contraire rejeté).

(¹) Conseil d'État, 18 novembre 1887, commune de Buzençais. Il s'agissait dans l'espèce d'une commune mise en demeure, par le Préfet, d'inscrire sa dette au budget municipal. Le recours a été rejeté parce que la mise en demeure n'avait pas le caractère comminatoire.

CHAPITRE II

ACTES D'AUTORITÉS ADMINISTRATIVES N'AGISSANT PAS EN CETTE QUALITÉ

Il est certain que les actes des autorités législatives échappent à tout contrôle juridictionnel. Nous n'avons pas en France l'exception d'inconstitutionnalité qui fonctionne aux Etats-Unis. La même souveraineté appartient aux actes administratifs passés en forme de loi, tels que la déclaration d'utilité publique de certains travaux, la détermination de certaines circonscriptions administratives. Contre de tels actes accomplis sans l'observation des formalités prescrites, le recours pour excès de pouvoir n'est pas possible. Il est d'ailleurs permis de regretter que tous les actes administratifs n'émanent pas d'agents administratifs et ne soient pas, par suite, soumis au contrôle juridictionnel. L'exception que nous venons d'indiquer conduit à substituer à la compétence de l'Administration, l'incompétence du législateur qu'elle laisse sans sanction ([1]). Non seule-

([1]) Berthélemy : *Droit administratif*, p. 915.

ment les lois, mais les actes émanant d'une seule Chambre échappent au contrôle des Tribunaux. Il en a été ainsi décidé, notamment, pour les mesures disciplinaires prises vis-à-vis des représentants (Cassation, 30 janvier 1882, Baudry-d'Asson, Sirey, 1883, 1.111) pour les mesures de police prises vis-à-vis du public dans la salle de réunion (Conseil d'Etat, 17 novembre 1882, Merley-Lebon, page 952) pour les décisions des questeurs (Cassation, arrêté précité).

Mais, en dehors des actes que nous venons d'énumérer et qui n'émanent pas d'autorités administratives, il y a des actes qui proviennent d'agents appartenant à la hiérarchie administrative et qui, néanmoins, échappent au recours, parce que ces agents ont procédé sous une autre qualité.

Dans notre régime politique, en effet, les mêmes agents appartiennent parfois à deux organisations différentes. Un administrateur peut ne pas conserver cette qualité dans toutes les circonstances de sa vie politique. S'il agit à un autre titre, il n'est plus une autorité administrative et, par suite, il ne se trouve plus soumis à l'article 9 de la loi du 24 mai 1872. Ainsi, supposons que le Ministre de la Justice invite le Ministre des Affaires Étrangères à réclamer l'extradition d'un individu, il se présente alors comme Agent judiciaire ; il entame la procédure judiciaire de l'extradition contre laquelle le recours pour excès de pouvoir est irrecevable (¹). Un sieur Walbert soutenait que le Ministre n'avait pu légalement demander au gouvernement belge l'extradition. Le Conseil d'Etat rejeta le recours pour des moyens de forme. Mais il aurait très bien pu se baser sur le caractère judiciaire de la procédure d'extradition.

. De même les Préfets exercent, en vertu de l'article 10 du Code d'instruction criminelle, les fonctions d'officier de police judiciaire. Un préfet opère-t-il une saisie, il agit en cette dernière qualité et non comme fonctionnaire de l'ordre administratif. Dès lors la saisie échappe au contrôle du Conseil d'État (²).

De même les décisions de police judiciaire prises par les Maires dans les communes échappent au recours pour excès de pouvoir. La même solution s'applique à nos consuls d'Extrême-Orient qui possèdent certaines attributions juridictionnelles vis-à-vis de nos nationaux. En outre, l'article 82 de l'édit de juin 1778, encore en vigueur, accorde aux consuls dans les pays hors chrétienté, et pour les cas qui intéressent la politique ou la sûreté du commerce de nos sujets, le droit de faire arrêter et renvoyer en France par le premier navire de la Nation « tout Français qui, par sa mauvaise conduite et par ses intrigues, pourrait être nuisible au bien

---

(¹) Conseil d'État, 22 avril 1904, Walbert. *Année administrative*, 1904, p. 149.

(²) Voir conclusions Marguerie. Tribunal des Conflits, 25 mars 1889. Lebon, p. 414.

général ». Ce vieux texte a été maintenu par l'article 28 de la loi du 28 mai 1836 relatif à la poursuite et au jugement des contraventions commises par les Français dans les Echelles du Levant. Ces droits des consuls dérivent de leurs pouvoirs de Juridiction (¹).

Lorsqu'ils exercent les uns ou les autres, ils agissent non comme fonctionnaires de l'ordre administratif, mais comme fonctionnaires de l'ordre judiciaire.

Cette dualité de fonctions que nous rencontrons chez les Ministres, chez les Préfets, les Maires et les Consuls, nous la trouvons chez le Président de la République lui-même. Nous montrerons plus loin que le chef de l'État est surtout, dans la coutume, créatrice au premier chef du droit constitutionnel, un agent administratif. Mais il demeure néanmoins, en certains cas, un représentant de la souveraineté nationale conformément à la mission qu'ont voulu lui conférer les constituants de 1875. Le président agit à titre de représentant lorsqu'il exerce ses attributions diplomatiques ou parlementaires. A ce titre, il échappe au recours pour excès de pouvoir. Mais en dehors de là les actes qu'il accomplit comme autorité administrative sont soumis au contrôle des Tribunaux. C'est ce qui apparaîtra plus nettement dans la suite de cette étude.

(¹) Féraud Giraud : *De la juridiction française dans les Échelles du Levant.* t. I, p. 41, 42 et t. II, p. 3 et 15.

CHAPITRE III

LA THÉORIE DES ACTES DE GOUVERNEMENT

On a prétendu distinguer la fonction gouvernementale de la fonction administrative et établir une distinction corrélatrice entre les actes ressortissant de l'une ou de l'autre. Il y aurait à-t-on dit, des actes qui échappent par leur nature même à un recours quelconque. Ce sont des actes souverains qui élèvent par eux-mêmes un fin de non-recevoir contre toutes les réclamations des particuliers qui se diraient lésés dans leurs droits ou leurs intérêts.

Que l'un de ces actes viennent à léser le droit d'un citoyen, ce dernier ne peut obtenir d'indemnité, car nul tribunal n'a l'appréciation d'un acte souverain. L'individu ne peut pas davantage provoquer l'annulation : le recours pour excès de pouvoir lui est fermé. Ces actes sont ceux qui émanent de l'autorité gouvernementale, essentiellement distincte de l'autorité administrative ; ce sont, en un mot, des actes de gouvernement.

Sans doute l'individu lésé aura certaines garanties

en face de tels actes ([1]). Il pourra appeler les Tribunaux à contrôler la qualité gouvernementale, provoquer l'intervention des Chambres au moyen du droit de pétition. En outre, le gouvernement est contrôlé par les Chambres, grâce à la responsabilité ministérielle qui est la base du régime parlementaire. Enfin, le recours gracieux est toujours ouvert à l'individu.

Mais, il n'en demeure pas moins vrai que, par sa nature même, l'acte de gouvernement échappe à tout recours pour excès de pouvoir. Le contrôle juridictionnel ne peut porter que sur l'autorité administrative ([1]).

Pour apprécier comme il convient la théorie dont nous venons d'indiquer les principales propositions, il faut se placer successivement au point de vue rationnel et au point de vue positif des textes. C'est ce que nous ferons dans les deux sections de ce chapitre.

([1]) Pranard : *De la notion d'acte du gouvernement*. Thèse Paris, 1902, p. 90 et suivantes.

([1]) Voir sur la théorie des actes du gouvernement : Michoud : Des actes du gouvernement. *Annales de l'enseignement supérieur de Grenoble*, t. I, n° 2, année 1889. Brémond : Les actes du gouvernement. *Revue de droit public*, janvier-février 1896. Brémond ; *Revue critique*, 1888, p. 561, 1891, p. 133, 1893, p. 521.

Lecourtois : Des actes de gouvernement, thèse Poitiers, 1899.

Lonné : Des actes du Gouvernement, thèse Paris, 1898.

Duguit : *Droit constitutionnel*, p. 201.

Berthélemy : *Droit administratif*, 5e édition, p. 108.

Hauriou : *Droit administratif*, 5e édition, p. 294.

Pranard : *De la notion de l'acte de gouvernement*, thèse Paris, 1902.

SECTION I

Appréciation au point de vue rationnel

Sur quel fondement a-t-on prétendu appuyer cette conception?

D'ordinaire on en a cherché l'origine dans le principe même de la séparation des pouvoirs. L'idée de l'acte de gouvernement a paru une condition essentielle de l'application de ce principe. Seule, a-t-on dit, elle assure au pouvoir exécutif l'indépendance nécessaire. Sans doute il ne peut être question de considérer comme souverains tous les actes du pouvoir exécutif. Une pareille prétention serait la consécration de la tyrannie. Mais il ne faut pas, par un excès opposé, soumettre tous les actes de l'exécutif au contrôle juridictionnel. Ce serait l'énerver et presque l'annihiler. Il y a donc un minimum auquel on ne pourra réduire ses attributions et ce n'est qu'à ce prix que l'équilibre entre les pouvoirs sera maintenu. Le caractère intangible des actes de gouvernement, a dit nettement en ce sens M. HAURIOU, est fondé sur l'antagonisme des différents pouvoirs, de l'état lui-même. Le gouvernement, au sens juridique du mot, est un aspect nouveau du pouvoir exécutif. C'est le pouvoir exécutif qui se méfie des juridictions administratives, tandis qu'au début du siècle il ne se méfiait que des juridictions de droit commun. Il est l'indépendance constitutionnelle de l'exécutif [M. Hauriou considère la théorie de l'acte de gouvernement comme nécessaire et bienfaisante. « Si le gouvernement ne se sentait pas en sécurité sur certains points essentiels, si tous ses actes étaient susceptibles de recours, la jurisprudence du Conseil d'Etat deviendrait plus timide, dans la crainte de toucher aux actes du gouvernement, elle n'oserait plus toucher aux actes discrétionnaires, par là se ralentirait le progrès que n'a cessé de faire cette jurisprudence depuis un siècle » ([1]).

Précédemment le même auteur avait basé la théorie de l'acte de gouvernement sur la raison d'Etat. Les actes de gouvernement sont ceux que le gouvernement est obligé d'accomplir sous peine de mettre en péril l'existence de l'Etat. Etant dictés par la force majeure, ils ne sauraient engager aucune responsabilité et c'est la raison pour laquelle ils sont soustraits à tout contentieux. Mais, plus tard, M. Hauriou abandonna la formule de la raison d'Etat pour se rallier à celle que nous venons de voir et qui cherche une justification dans le principe de la séparation des pouvoirs.

Mais il ne suffisait pas de chercher à établir qu'une catégorie d'actes étaient souverains et échappaient à tout contrôle juridictionnel, il fallait encore les définir.

([1]) Hauriou, notes au Sirey, 1893, 3, 129 et 1895, 3, 41.

Cette définition ne pouvait être donnée que par un critérium permettant de discerner ce qu'on appelait l'acte
gouvernemental.

A cet égard on pouvait procéder de deux façons : ou
bien, adoptant une méthode *formelle*, s'attacher aux
caractères extrinsèques de l'acte, ou bien analyser son
contenu, sa nature même, ses caractères intrinsèques.

Ces deux tendances se sont manifestées dans la doctrine et dans la jurisprudence. Il est bon de les rappeler brièvement.

Le premier moyen employé a été la recherche des
caractères extrinsèques des actes en question, il s'est
présenté de trois manières différentes :

1° On a déclaré acte de gouvernement tout acte
accompli dans une idée politique ; 2° des actes ont été
considérés comme gouvernementaux parce qu'ils
s'appliquaient à une catégorie spéciale de personnes ;
3° enfin, on a prétendu que tous les actes du pouvoir
exécutif approuvés par un vote des Chambres étaient
des actes de gouvernement. Les trois solutions se rat-
tachent en somme à une même considération qui est
celle du *mobile politique*.

En ce sens nous citerons les arrêts suivants qui sont
bien connus : L'arrêt du 5 décembre 1838 (Lebon,1838,
p. 641) statua sur la demande de plusieurs membres de
la Famille Napoléon et principalement de la duchesse
de Saint-Leu en paiement de diverses sommes prove-
nant de dotations supprimées par le traité de Fontaine-

bleau et quelques lois de la Restauration. Il rejeta les recours en se basant sur ce qu'ils se référaient soit à des conventions diplomatiques, « soit à des actes de gouvernement ayant un caractère essentiellement politique dont l'interprétation et l'exécution ne peuvent être déférées par la voie contentieuse au Conseil d'Etat ».

Rappelons aussi la célèbre affaire du duc d'Aumale et du prince Napoléon. A la suite d'une polémique entre ces deux personnages, une mesure administrative avait enjoint aux Préfets de saisir toutes les publications émanées de personnes bannies du territoire. Le préfet de police, déférant à cet ordre, opéra la saisie du livre intitulé : « Histoire des Princes de Condé ». Le ministre de l'Intérieur ayant confirmé cette mesure, l'auteur, le duc d'Aumale, et son éditeur, Michel Lévy, formèrent un recours devant le Conseil d'Etat. Mais le Conseil repoussa ledit recours en considérant que « ces mesures sont des actes politiques qui ne sont pas de nature à être déférés pour excès de pouvoir en notre Conseil d'Etat, au Contentieux » [1].

Cette théorie était celle de la raison d'Etat. Acceptée par certains auteurs [2], elle ne tarda pas à être battue en brèche par d'autres [3]. La jurisprudence l'abandonna

[1] Arrêt du 9 mai 1867. Lebon, p. 472.
[2] Dufour : Traité de droit administratif appliqué, t. IV, p. 10.
[3] Choppin note au Sirey, 1867-2-124.
Demolombe : France Judiciaire, 1879-80, 1re partie, p. 390.
Laferrière, t. II, p. 34.
C. Pranard, loc. cit., p. 104.

en 1875 à propos du recours déposé par le prince Gé-
rôme Napoléon contre une décision du Ministre de la
Guerre rayant son nom de l'annuaire de l'Armée (Arrêt
du 19 février 1875, Sirey, 1875, 2, 95). Ce n'est plus
l'idée du but politique qui est invoquée. Il en fut de
même dans l'affaire Marquigny à propos de l'exécution
du décret du 29 mars 1880 qui dissolvait la Compagnie
de Jésus (Arrêt du tribunal des conflits du 5 novembre
1880, Sirey, 1881, 3, 85).

De même les arrêts du 20 mai 1887 (Affaire de la ra-
diation des cadres des membres de la famille d'Orléans
et de la famille Bonaparte, Dalloz, 1888, 3, 105), l'arrêt
du 25 mars 1889 (Affaire Dufeuille, Dalloz, 1890 3, 65)
ne font plus allusion au but politique des mesures attaquées. Ces mesures ont été considérées comme des
actes gouvernementaux parce qu'elles s'appliquaient à
des catégories spéciales de personnes, telles que les
membres d'une dynastie déchue ou les membres d'une
congrégation religieuse dissoute.

Enfin on a soutenu qu'il fallait attribuer le caractère
d'actes souverains aux actes administratifs couverts par
un ordre du jour d'approbation de la part des Chambres. On estimait qu'il y avait entre le pouvoir exécutif
et le pouvoir législatif une collaboration qui avait la
vertu de changer la nature même de l'acte administratif (¹). Sous cette dernière forme, la théorie qui s'atta-

---

(¹) L'idée a été soutenue par M. Graux dans son livre sur les « congré-
gations religieuses devant la loi » 1880, p. 195, et dans un article de la
Revue libérale de 1883. Pranard, *loc. cit.* p. 110.

che à la recherche du caractère extrinsèque des actes, pour déterminer leur nature gouvernementale, a été repoussée à la fois par la doctrine et par la jurisprudence.

Dans l'affaire Marquigny, le ministre de l'Intérieur avait soutenu devant le tribunal des conflits que le décret de dissolution était un acte de gouvernement parce qu'un ordre du jour de la chambre du 10 mars 1880 l'avait provoqué. Cette considération ne produisit aucun effet sur le tribunal des conflits qui qualifia les actes attaqués d'actes administratifs (Trib. conf. 5 novembre 1880). La même manière de voir fut confirmée par le Conseil d'Etat et par le Tribunal des conflits dans l'affaire Dufeuille ; le tribunal des conflits décida que la saisie dont il s'agissait ne changeait pas de nature par ce fait qu'elle avait été ordonnée par le ministre de l'Intérieur et que la mesure avait été approuvée par les Chambres (Trib. conf. 25 mars 1889).

Des décisions précédentes il y a lieu de rapprocher un avis du Conseil d'Etat du 26 mai 1903 (*Revue générale d'administration*, 1903, 3, 71) qui déclare qu'un Cahier des Charges annexé à une loi ne peut déroger aux règles de la comptabilité publique sans une disposition expresse de la loi ([1]).

---

[1] La thèse de la souveraineté des actes administratifs couverts par une approbation des Chambres a été rejetée également par M. Berthélemy « droit administratif », p. 108, et par Laferrière « Juridiction administrative II p. 27.

Le critérium basé sur les caractères extrinsèques de l'acte étant écarté, on s'est adressé à l'analyse même de l'idée de l'Etat, c'est-à-dire à la nature même des actes en question. Les formules données ont été très diverses et plus ou moins vagues.

M. DARESTE se contentait de dire que les actes de gouvernement sont « ceux que la constitution et les lois réservent à la puissance souveraine sans autre contrôle que celui des grands corps politiques et de l'opinion publique » ('). C'était évidemment répondre à la question [par la question.

BLUNTSCHLI (²), MACAREL (³) insistaient sur cette idée que le gouvernement serait comme la tête, et l'administration comme le bras dans la direction de la Société nationale.

D'autres, tels que M. AUCOC (⁴) ou M. BEQUET (⁵) ne procédaient guère que par une énumération plus ou moins arbitraire.

Certains auteurs se sont efforcés à une précision plus grande et on abouti à des formules plus ou moins lapidaires qui n'éclaircissent pas sensiblement le problème.

« Il existe, dit M. Ducrocq, un contentieux administratif, et non pas un contentieux gouvernemental » (⁶).

(¹) *Justice administrative*, p 221.
(²) *Théorie générale de l'État*, p. 447.
(³) *Cours d'administration*, p. 13.
(⁴) *Conférences*, tome I, n° 4, 38. 39.
(⁵) *Répertoire*, tome VIII, p. 235.
(⁶) *Cours de droit administratif*, tome I, p. 87, n° 70.

« Le gouvernement, dit le même auteur, est la portion du pouvoir exécutif qui a mission de diriger le pays dans les voies de son développement intérieur et de ses relations extérieures, tandis que l'administration en est le complément et l'action vitale » ([1]).

« Administrer, dit M. Laferrière, c'est assurer l'application journalière des lois ; gouverner, c'est pourvoir aux besoins de la société politique tout entière, veiller à l'observation de la Constitution, au fonctionnement des grands pouvoirs publics, à la sécurité intérieure ou extérieure » ([2]).

Enfin, il y a des auteurs qui, tout en admettant la conception de l'acte de gouvernement, ne se sont guère occupés que de questions d'espèce et ont renoncé à fournir une définition générale.

Nul, à notre connaissance, n'est parvenu à une définition satisfaisante.

M. Hauriou ([3]), convaincu de l'impossibilité de l'entreprise et partisan de la théorie de l'acte de gouvernement, finit par dresser une liste limitative : « Finalement, dit-il, l'acte de gouvernement est celui qui figure dans une certaine énumération d'actes politiques dressée par la jurisprudence administrative sous l'autorité du tribunal des conflits. » Et il adopte la liste suivante :

([1]) *Cours de droit administratif*, tome I, p. 28.
([2]) *Juridiction administrative*, tome II, p. 33.
([3]) *Précis*, 1901, p. 294 et suivantes.

1° les actes relatifs aux rapports du gouvernement avec les Chambres.

2° certaines mesures de sûreté intérieure de l'État, telles que l'établissement de l'état de siège, les mesures rendues en matière de police sanitaire.

3° les actes relatifs à la sûreté extérieure de l'État, et, d'une manière générale, aux relations diplomatiques.

4° les faits de guerre imposés par les nécessités immédiates de la lutte.

5° les décrets de grâce.

M. Pranard, dans son intéressante thèse de doctorat précitée ([1]) réduit cette liste. Il ne considère comme actes de gouvernement que les catégories d'actes suivants :

1° ceux qui tendent à la représentation de la nation vis-à-vis des puissances étrangères (traités, droit d'expulsion des étrangers, faits de guerre).

2° ceux qui sont relatifs au rôle de lien et de modération du pouvoir exécutif vis-à-vis des autres pouvoirs (prérogatives du chef de l'État vis-à-vis des Chambres, initiative et droit de demander une nouvelle délibération, droit de grâce, nomination et révocation des magistrats judiciaires) ([2]).

([1]) P. 136.

([2]) M. Teissier (Responsabilité de la puissance publique) refuse le caractère d'actes de gouvernement aux actes concernant la sûreté intérieure de l'État et aux faits de guerre, l'État étant irresponsable pour ces derniers en raison de la force majeure.

N'étant nullement partisan de la théorie des actes de gouvernement opposés aux actes d'administration, nous n'avons pas à rechercher nous-même ce fameux critérium de l'acte gouvernemental qui nous apparaît un peu sous l'aspect de la pierre philosophale. Nous nous bornerons à noter le caractère arbitraire, nous allions dire fantaisiste, de toutes ces constructions.

Avant de nous livrer à la réfutation, sur le terrain théorique, de la conception dont il s'agit, nous devons en rappeler les arrêts qui l'ont consacrée.

Le Conseil a admis que les actes du pouvoir exécutif concernant ses rapports avec les Chambres ne sont pas de nature à faire l'objet d'un débat par la voie contentieuse (17 mars 1853, Prince de Wagram, 17 février 1888, affaire Prévost). Dans cette dernière affaire, le Conseil rejeta un recours dirigé contre une décision du ministre de l'Intérieur refusant de présenter aux Chambres une demande tendant à obtenir la distraction de la commune de Meudon et l'érection en commune distincte des sections de Belle-Vue et du Bas-Meudon.

Les actes accomplis par le Président de la République dans l'exercice du droit de grâce que lui confère l'article 3 de la constitution de 1875, ont été également considérés comme non susceptibles d'un recours pour excès de pouvoir (30 juin 1893, affaire Gugel).

En matière d'expulsion des étrangers, le Conseil d'État a d'abord décidé que les Tribunaux sont incom-

Béguin 3

pétents pour apprécier les motifs qui ont guidé le pouvoir (22 janvier 1867, Radzivill). La jurisprudence a de même admis le caractère gouvernemental des ordres d'expulsion de nos nationaux émanés de nos Consuls dans les Echelles du Levant (15 mars 1855, affaire Jomotob Levy et Abraham Abandarham, 8 décembre 1882, affaire Laffon) (¹).

Mais le Conseil d'Etat a abandonné l'idée de l'acte gouvernemental en matière d'expulsion des étrangers de France dans l'affaire Morphy du 14 mars 1884.

En matière diplomatique, les actes du pouvoir exécutif ont été regardés comme présentant un caractère gouvernemental, soit qu'ils provoquent l'action diplomatique (4 juillet 1862, affaire Simon ; 8 février 1864, Chevalier ; 12 janvier 1877, Dupuy), soit qu'ils interprètent et appliquent des Conventions diplomatiques (4 mai 1865, Chardon ; 26 juillet 1867, Guérin), soit qu'ils mettent à exécution ces conventions (18 décembre 1891, Vandelet et Faraut).

Mais le Conseil d'Etat n'a pas fait usage de l'idée de l'acte gouvernemental, bien que le contraire ait parfois été soutenu, dans les matières de l'état de siège, de la collation des titres nobiliaires, de la nomination et de la révocation des fonctionnaires (²). En ce qui concerne cette dernière matière, notamment, la jurisprudence, sans se préoccuper aucunement de la théorie en

(¹) Rapp Richard, 8 août 1888.
(²) Pranard, thèse précitée, p. 137 et suiv.

question, examine au fond l'acte attaqué et rejette le recours parce que l'autorité n'a pas excédé ses pouvoirs (14 décembre 1883, Lequeux ; 30 novembre 1894, Driou ; 8 août 1896, Graziani ; 23 novembre 1895, Lamercy ; 5 décembre 1908, Roussel et Monnier).

Que vaut donc, au point de vue rationnel auquel nous nous plaçons pour le moment, la théorie de l'acte de gouvernement? Elle se détruit pour ainsi dire elle-même par son imprécision. On n'a jamais pu fournir une véritable définition de l'acte de gouvernement, établir une ligne de démarcation certaine entre celui-ci et l'acte d'administration.

Le principe de la séparation des pouvoirs est invoqué. Mais de ce qu'il y ait trois pouvoirs, législatif, exécutif et judiciaire, il n'en résulte nullement qu'il y ait une différence essentielle entre le gouvernement et l'Administration. La conséquence n'est pas contenue dans les prémisses.

Au surplus, l'indépendance de l'exécutif vis-à-vis du législatif ne peut pas tenir à l'absence de tout contrôle juridictionnel sur les actes dits de gouvernement.

Par contre, on aperçoit très bien que la théorie de l'acte de gouvernement est périlleuse pour les individus qu'elle laisse sans recours, à toute illégalité il doit y avoir un remède. Il faut que toute personne lésée trouve une juridiction chargée d'accueillir ses revendications. Les garanties qu'on lui laisse en face de l'acte de gouvernement ne sont guère efficaces. Et nous n'avons pas, en France, une Cour suprême qui soit juge de la légalité des actes, qui puisse affranchir l'Individu de l'obéissance à la loi inconstitutionnelle.

La théorie dont il s'agit apparaît donc comme très dangereuse. Aussi a-t-on cherché à la fonder sur une base plus solide que celle de vagues raisonnements et s'est-on adressé aux textes. La conception a-t-elle été, oui ou non, consacrée législativement? C'est pour elle une question de vie ou de mort ([1]).

SECTION II

Appréciation au point de vue des textes

Les partisans de la distinction de l'autorité gouvernementale et de l'autorité administrative ont si bien senti la fragilité de leur argumentation doctrinale qu'ils ont cherché un renfort dans les textes. « Enfin, dit M. PRANARD, si la théorie se présentait sous sa forme odieuse, si le critérium proposé est encore trop compréhensif, il n'en faut pas moins admettre la théorie puis-

([1]) La théorie de l'acte de Gouvernement a été repoussée par un grand nombre d'auteurs.

Choppin : Note Sirey, 67-2-124.

Gautier : *Précis des matières administratives*, 1879, p. 7.

Brémond : *loc. cit.*

Michoud : *loc. cit.*

qu'elle est fondée législativement. La critique, dans ce qu'elle a de juste, s'adresse non à la doctrine, non à la jurisprudence, mais au législateur qui a institué cette théorie sans suffisamment la préciser ([1]).

Est-il donc vrai que la théorie ait été consacrée par le législateur ? En définitive, toute la question est là. Or, nous n'éprouvons aucune difficulté à y répondre négativement. Les textes invoqués sont loin d'avoir la portée qu'on leur a parfois attribuée.

M. NEZARD ([2]) nous semble avoir démontré de la manière la plus magistrale que la prétendue séparation de l'autorité gouvernementale et de l'autorité administrative ne repose sur aucune base scientifique.

« Les fondateurs du droit public moderne, dit cet auteur, les publicistes du dix-huitième siècle ou les théoriciens de l'Assemblée Constituante n'ont jamais fait allusion à une semblable distinction.

« Les textes fondamentaux du Contentieux administratif l'ignorent et désignent les mêmes Agents aussi bien sous le nom de « gouvernement » que sous le nom « d'administration ». Tout au plus, et dans le langage populaire établit-on entre ces premiers et les administrateurs une différence hiérarchique, donnant plus volontiers le nom de gouvernement à l'ensemble des ministres et celui d'administrateurs aux Agents subor-

([1]) Pranard, loc. cit. p. 74.
([2]) Loc. cit. et p. 282 et suivantes.

donnés, mais ces dénominations n'impliquent point
une différence de nature entre les fonctions qu'effec-
tuent ces Ágents ».

Suivons, sur le terrain positif où il se place, l'argumentation décisive de M. Nezard.

Certains textes ont opposé les fonctions administratives aux fonctions judiciaires pour interdire aux juges
de connaître ou de troubler les opérations des corps
administratifs. La loi des 16-24 août 1790 (Titre II,
article 13), dit : « Les fonctions judiciaires sont dis-
tinctes et demeureront toujours séparées des fonctions
administratives. Les juges ne pourront, à peine de for-
faiture, troubler de quelque manière que ce soit les
opérations des corps administratifs, ni citer les administrateurs pour raison de leurs fonctions ». La loi des
7-14 octobre 1790 décide dans son article 3 que « les
réclamations d'incompétence à l'égard des corps administratifs ne sont en aucun cas du ressort des Tribunaux ». La constitution de 1791 (Titre III, chapitre 5,
(article 3) la constitution du 5 fructidor, an III (article
203, § 2) disposent que les tribunaux ne peuvent ni
s'immiscer dans l'exercice du pouvoir législatif, ni
entreprendre sur les fonctions administratives. Or, il
n'est pas possible de prendre, dans ces textes, l'expression administrative dans un sens strict qui exclurait le
gouvernement. Si, en effet, on interprétait le mot administration dans un sens aussi étroit, il faudrait en conclure par *a contrario*, que si les Tribunaux judiciaires

ne peuvent connaître des actes des administrateurs, ils
ont le pouvoir de juger les actes de gouvernement. On
devrait interpréter les articles 127 et suivants du Code
pénal, qui sanctionnent le principe de la séparation
des autorités administratives et judiciaires, textes de
stricte interprétation, comme punissant les juges qui
empiètent sur l'autorité administrative et non ceux qui
s'attaquent à l'autorité gouvernementale.

« On conviendra, dit M. Nezard, que telles ne furent
« point la pensée de la Constituante qui a cherché à
« soustraire à tout contrôle juridictionnel les actes de
« toutes les autorités, ou la volonté du législateur de 1810
« qui tenait ses juges dans la dépendance que l'on sait ».

On peut donc légitimement conclure, avec l'auteur,
que « s'il n'a plus été depuis lors édicté de textes constitutionnels, qui, sous l'influence de préoccupations
pratiques ou de suggestions théoriques, aient statué sur
ce point, c'est que notre droit public a définitivement
accepté les principes de 1790 sur la séparation des autorités et qu'il a limité son rôle à l'établissement des
règles pratiques du fonctionnement de ces deux autorités. Le principe de l'unité de l'autorité administrative
et de l'autorité gouvernementale subsiste donc ».

Cependant un gros effort a été tenté par les partisans
de la théorie de l'acte de gouvernement pour prouver
que le préambule du décret de déconcentration du
26 mars 1852, d'une part, la loi du 24 mai 1872, d'autre

part et surtout, auraient établi la distinction que nous combattons (¹).

Mais ces textes sont loin d'avoir la portée qu'on s'est plu à leur attribuer. Le décret du 26 mars 1852 déclare, dans l'un de ses considérants, que « si l'on peut *gouverner* de loin, on n'administre bien que de près. « Mais il n'est pas douteux que les expressions gouverner et administrer ont été prises ici dans un autre sens que celui qu'on voudrait utiliser en faveur de la conception des actes de gouvernement.

Le décret a eu pour but de transférer du Chef de l'Etat ou des Ministres aux Préfets, un droit de décision sur des matières jusqu'alors réservées à l'autorité supérieure. L'opposition qu'il fait a pour termes les bureaux des Ministères éloignés des intéressés, et les Agents régionaux du pouvoir central qui, plus proches, pourront donner meilleure et plus prompte satisfaction aux besoins locaux. Le texte invoqué n'a donc pas eu pour objet de renverser la notion établie par les textes fondamentaux dont nous avons parlé. On peut ajouter que si, par impossible, il avait eu ce but et cet effet, il aurait conduit à cette conséquence absurde que tous les actes du pouvoir central échapperaient aux recours auxquels se trouvent soumis les actes des autorités locales (²).

(¹) Voir notamment Charles Pranard de la notion de l'acte de gouvernement. Thèse Paris, 1902, p. 39 à 72.

(²) Nezard, *loc. cit.* p. 283.

La loi du 24 mai 1872 n'est pas plus impression-
nante. Son article 26 décide que les Ministres ont le
droit de revendiquer devant le Tribunal des conflits
« les affaires portées à la section du Contentieux et qui
n'appartiennent pas au Contentieux. »

Par conséquent, a-t-on conclu, il y a des actes qui
échappent au Contrôle juridictionnel. Ce sont ceux que
le Président de la République accomplit en qualité
d'autorité gouvernementale. Sur quoi s'étaie cette dé-
duction ? Sur les travaux préparatoires de la loi du
3 mars 1849 dont l'article 47 a été reproduit dans le
fameux article 26 de la loi de 1872. Or, on invoque les
déclarations de M. VIVIEN, rapporteur de la loi de 1849,
dans son Rapport sur l'article 47.

M. VIVIEN (¹) s'exprima de la façon suivante : « recours
indispensable et sans lequel la juridiction conférée à
cette section eût été pleine de péril. En effet, la définition du contentieux administratif n'est pas toujours
facile. Nous avons dit qu'il naissait au moment où un
droit est méconnu. D'ailleurs il est même des droits
dont la violation ne donne pas lieu à un recours par
la voie contentieuse. Dans un gouvernement représen-
tatif, sous le principe de responsabilité, il est des circonstances, où, en vue d'une grande nécessité publique,
les Ministres peuvent prendre des mesures qui blessent
les droits privés. Ils en répondent devant le pouvoir

(¹) *Moniteur Universel* du 12 janvier 1849.

politique. Les rendre justiciables du Tribunal administratif, ce serait paralyser une action qui s'exerce en
vue de l'intérêt commun et créer dans l'Etat un pouvoir
nouveau et menaçant pour les autres. Les mesures de
sûreté générale, l'application des actes diplomatiques
ne rentrent pas non plus dans le contentieux administratif, bien que les droits privés puissent en être
atteints. Les nuances sont toujours délicates, on ne
saurait sans danger les livrer à l'application d'une
juridiction quelconque et la section du contentieux du
Conseil d'Etat, de quelque confiance qu'elle nous
paraisse digne, ne pouvait sans réserve être investie
d'une pareille autorité ».

On a voulu voir dans ce passage l'affirmation de la
théorie des actes de gouvernement ([1]), c'est-à-dire
d'actes souverains échappant à tout contrôle juridictionnel. Telle n'est pas notre manière de voir. Alors
même que la pensée du rapporteur Vivien aurait été
exactement celle que l'on prétend, elle n'aurait pas été
nécessairement celle du législateur lui-même. Or, il
importe de remarquer que l'article 47 n'a été voté
qu'après une longue discussion et après l'intervention
d'Odilon Barrot et de Martin (de Strasbourg) qui inter-
prétèrent ce texte comme imposant au gouvernement
la juridiction des conflits pour déterminer le domaine
respectif du contentieux administratif et du contentieux judiciaire.

([1]) Pranard, *loc. cit.* p. 51.

Les personnages susnommés n'ont même retiré un amendement, tendant à ce que le gouvernement ne pût soustraire aux Tribunaux aucun acte d'administration, que sur la déclaration que le texte leur donnerait satisfaction ([1]). Nous sommes donc absolument fondés à dire que, en votant l'article 47, le législateur de 1849 et celui de 1872 qui l'a reproduit n'a pas entendu attribuer un caractère souverain à certains actes administratifs. Ce que le législateur a voulu, c'est permettre aux Ministres de soustraire aux Tribunaux administratifs certains actes pour faire venir l'affaire devant le Tribunal des conflits. Ces actes sont ceux qui ressortissent du contentieux judiciaire, par exemple l'expropriation ([2]).

En définitive, il y a lieu de conclure avec l'auteur dont nous venons de suivre l'argumentation qu'il n'existe aucune base positive dans l'organisation du contentieux administratif pour justifier l'existence d'une autorité gouvernementale soustraite au contrôle juridictionnel du Conseil d'Etat auquel est soumise l'autorité administrative.

En réalité, les actes appelés gouvernementaux sont dans leur ensemble des actes administratifs émanés d'autorités administratives. Mais la jurisprudence, pour des considérations plus ou moins opportunes, a cru devoir les soustraire au contrôle juridictionnel.

Toutefois, nous devons faire une observation parti-

([1]) Séances des 26 et 27 janvier, 1er et 2 mars 1849, Nézard, *loc. cit.* p. 284.
([2]) Nézard, *loc. cit.* p. 285.

culière en ce qui concerne le Chef de l'Etat. Le Président de la République joue, en effet, un double rôle dans notre régime politique. La plupart du temps, il agit comme autorité administrative : lorsqu'il nomme les fonctionnaires, lorsqu'il autorise des emprunts locaux, lorsqu'il déclare des travaux d'utilité publique, lorsqu'il dissout des conseils municipaux. A ce titre, il n'échappe pas au recours pour excès de pouvoir.

Le Président, nous l'établirons plus loin, agit même en qualité d'autorité administrative quand il prend des règlements d'administration publique.

Ce dernier point longtemps controversé a été reconnu par l'arrêt du Conseil d'Etat du 6 décembre 1907 rompant avec la jurisprudence antérieure.

Mais, souvent — et c'est d'ailleurs la mission essentielle que lui ait attribuée la Constitution de 1875 — il agit comme collaborateur du Parlement et il exerce des prérogatives qui parfois le font égal aux chambres : convocation, ajournement ou dissolution des chambres, signature d'un traité diplomatique, exercice du droit de grâce. Lorsqu'il accomplit ces actes, il n'agit pas comme autorité administrative, mais il participe de a souveraineté du Parlement. Dès lors, il échappe à tout contrôle juridictionnel. Mais, pour expliquer cette solution, il n'est nul besoin de faire appel à la théorie des actes de gouvernement ; il suffit de dire que le Président n'est pas, dans les hypothèses que nous venons d'indiquer, une autorité administrative.

CHAPITRE IV

LES RÈGLEMENTS D'ADMINISTRATION PUBLIQUE
ET LES DÉCRETS COLONIAUX

SECTION I

Les règlements d'administration publique

Le Chef de l'Etat exerce le pouvoir réglementaire de deux manières. Tantôt il fait des règlements *spontanés* ou simples, en vertu de l'article 3, § 2 de la loi constitutionnelle du 25 février 1875. Tantôt il rend des décrets réglementaires que le Parlement l'invite à prendre : ce sont les *règlements d'administration publique*. Ces derniers doivent être rendus après consultation obligatoire du Conseil d'Etat.

Les individus ont-ils des garanties juridictionnelles contre ces deux classes de règlements?

L'histoire de la jurisprudence peut à cet égard être divisée en quatre périodes [1].

[1] Nézard, *loc. cit*, p. 138 et suivantes.

Dans une première, qui va jusqu'en 1845, les Tribunaux judiciaires admettent l'exception d'illégalité et contrôlent les règlements ordinaires de police, même les ordonnances royales, avant d'en assurer l'exécution par l'application d'une peine (¹). Mais la jurisprudence administrative déclarait irrecevables les recours en annulation contre les règlements du Chef de l'Etat en se fondant sur ce motif que le Conseil d'Etat ayant déjà donné son avis ne pouvait plus conclure à une annulation (²).

A partir de 1845, les rangs, sont intervertis. Les tribunaux judiciaires s'arrêtent dans le développement de l'exception d'illégalité, tandis que le Conseil d'Etat commence à examiner la légalité des règlements. Il reçoit des recours pour excès de pouvoir contre des règlements faits par le roi seul, mais non contre des règlements faits en Conseil d'Etat (³).

Dans une troisième période, qui commence avec la réorganisation du Conseil d'Etat par la loi du 24 mai 1872, le Conseil d'Etat continue à rejeter en principe le

---

(¹) Cass. 3 août 1810. Devilleneuve, 1ʳᵉ série, t. III, I, p. 224. Paris, 4 décembre 1827, Sirey, 33, 2, 601. Cass. 13 avril 1844, 441, 664.

(²) Conseil d'État, 11 mai 1807, Desmazures,
11 décembre 1816, lits militaires.
22 octobre 1817, Sallel.
12 mai 1819, Lony.
22 décembre 1824, Haïnque.

(³) 25 avril 1845, ville d'Amboise.
20 novembre 1865, ville de Versailles.

recours contre les règlements d'Administration publique, mais il reçoit le recours contre les actes individuels pris en exécution du règlement d'Administration publique illégal soit par la forme, soit par le
fond (¹). Il fallait donc que tous les intéressés inten-
tassent successivement un recours contre la mesure qui
leur était personnelle. Il eut été beaucoup plus simple
de faire tomber le règlement lui-même.

C'est la solution à laquelle arriva le Conseil d'Etat
dans l'arrêt du 6 décembre 1907 qui ouvre la quatrième
période. Cette décision intervint dans l'espèce suivante : La loi du 11 juin 1842, relative à l'établissement
des grandes lignes de chemins de fer, a, dans son article 9, prescrit au gouvernement de prendre des règlements d'administration publique déterminant les mesures nécessaires pour garantir la police, la sûreté,
l'usage et la conservation des chemins de fer et de leurs
dépendances. L'ordonnance du 15 novembre 1846 a
été rendue en exécution de cette disposition législative.
A cette ordonnance ont été apportées des modifications
par le règlement d'administration publique 1ᵉʳ mars
1901, imposant aux Compagnies des charges nouvelles
et assez lourdes auxquelles le Ministre peut les soumettre par simple arrêté. Or, les Compagnies s'esti-
mèrent lésées par ces charges nouvelles et, au lieu

(¹) 6 janvier 1888, Salle et Trib. Confl. 13 mai 1872, Brac de la
Perrière.

d'attendre les premières mesures d'exécution dont elles auraient pu demander l'annulation, elles formèrent un recours pour excès de pouvoir contre le règlement lui-même. Le Ministre des [Travaux publics, se prévalant de la jurisprudence antérieure, opposa l'irrecevabilité du recours contre les règlements d'administration publique. Mais le Commissaire du Gouvernement, M. TARDIEU, conclut à la recevabilité.

La question était ainsi nettement posée devant le Conseil d'Etat. Le recours en excès de pouvoir est-il possible directement contre un règlement d'administration publique lui-même, ou bien ce recours n'est-il admis que contre les actes individuels pris en exécution de ce réglement ?

La réponse du Conseil d'Etat fut conforme à la thèse de M. TARDIEU, c'est-à-dire que le recours direct du règlement fut déclaré recevable.

Mais afin de bien saisir la portée de cet arrêt considérable, il est bon de rappeler les idées sur lesquelles une partie de la doctrine et la jurisprudence s'appuyaient auparavant pour rejeter le recours direct.

On a nié la recevabilité du recours pour excès de pouvoir contre les règlements d'administration publique en se plaçant à deux points de vue différents. Tantôt on a vu dans ces règlements l'acte d'une autorité parlementaire, tantôt l'acte d'une autorité gouvernementale.

Nous n'insisterons pas sur le second point de vue qui a fait l'objet d'un examen spécial. Voyons seulement son application au Président de la République. On

á prétendu que celui-ci n'est pas au nombre des autorités administratives visées par l'article 9 de la loi du
24 mai 1872. La constitution de 1875 a voulu créer dans
le Président de la République un monarque parlementaire, un représentant de la Souveraineté nationale,
souverain dans l'ordre administratif comme le Parlement dans le domaine législatif. Les pouvoirs de
M. Thiers, déterminés par la loi du 31 août 1871, fai-
saient de lui un agent exécutif supérieur agissant sous
le contrôle de l'Assemblée et responsable devant elle.
Mais le maréchal de Mac-Mahon devint, en vertu de la
loi du 20 novembre 1873, un véritable représentant de
la souveraineté nationale irresponsable pendant sept
ans. Il était, peut-on dire, un monarque constitutionnel
temporaire. Or, la constitution de 1875 a consacré ce
système en conservant au maréchal les pouvoirs qu'il
avait reçus en 1873. Elle a fait des Présidents de la
République qui devaient lui succéder un organe de
gouvernement pourvu des prérogatives des monarques
héréditaires de la monarchie parlementaire (droits
d'ajournement, de dissolution, de demander une nouvelle délibération des lois, irresponsabilité devant les
Chambres). Notamment, le Président a conservé cet
avantage exercé par les monarques constitutionnels qui
s'appelle le pouvoir réglementaire. Dès lors n'est-on
pas fondé à dire, avec M. Duguit[1], que le Président de

[1] Duguit : *L'Etat, les gouvernants et les agents*, t. II, p. 330 et suivantes.
Mézard, *loc. cit.* p. 281.

Béguin   4

la République est un représentant souverain, et non pas une autorité administrative soumise au contrôle juridictionnel des tribunaux administratifs ou judiciaires ?

Il n'est pas contestable que tel soit, en effet, le rôle auquel a été appelé notre Président par la Constitution de 1875. Mais il faut reconnaître que ce rôle s'est modifié, que le Président est devenu, dans les faits et dans la coutume, qui est, dit avec raison M. Nézard « créatrice du droit constitutionnel à un plus haut degré que la loi » (¹), un agent d'exécution de la volonté du Parlement, un *agent administratif.*

« On le pouvait prévoir, dit M. Nézard (²), à raison même du mode de recrutement qu'on a imposé à la Présidence. Dans la monarchie parlementaire, qu'on a cru copier en 1875, le monarque possède une force politique qui lui est propre, qu'il tient de l'hérédité, de la longue possession du pouvoir par sa dynastie, qu'il puise, en tout cas, en dehors de l'élément parlementaire. Dans notre constitution de 1875, au contraire, le Chef de l'Etat est l'élu du Parlement, il ne peut s'arracher à son influence.

« En vain il a tenté d'exercer les prérogatives constitutionnelles qui doivent fortifier son autorité vis-à-vis des Chambres : une dissolution malheureuse a été condamnée par le pays. On s'est aperçu, il y a peu

(¹) *Loc. cit.* p. 285.
(²) *Loc. cit.* p. 285.

d'années, que le Président ne pouvait trouver un Ministère pour exercer son droit théorique d'exiger des Chambres une seconde délibération. En fait, le Président irresponsable a dans deux circonstances, en 1877 et en 1885, dû considérer sa responsabilité comme engagée et a quitté le pouvoir. *Il est donc devenu un simple agent administratif* ».

Il n'est guère possible de ne pas s'associer à cette manière de voir. On ne peut donc se baser sur la constitution pour dénier au Président de la République la qualité d'autorité administrative dans le sens de la loi de 1872.

Aussi, s'est-on surtout fondé, pour rejeter le recours pour excès de pouvoir contre les règlements d'administration publique, sur cette idée que le Président n'aurait agi qu'en vertu d'une *délégation* du législateur. Les règlements en question ont été considérés comme n'étant pas l'œuvre exclusive du Président, mais bien le résultat d'une collaboration du Parlement et du Président. Dans cette conception, la loi et le règlement sont tous deux, sous le régime parlementaire, le produit d'une collaboration ; seulement, dans la loi, c'est le gouvernement qui prend l'initiative et promulgue le texte voté par le Parlement, tandis que, pour le règlement, ce sont les chambres qui prennent l'initiative et le gouvernement qui, sur l'invitation de celles-ci, prend la décision et la rend exécutoire ; la conséquence est que le règlement dont il s'agit étant, aussi bien que la loi, partiellement parlementaire, doit échapper à l'annulation par le Conseil d'Etat (¹).

Or, cette conception paraît bien sujette à critique (²). Lorsque le législateur n'a pas posé dans son texte les principes de la matière à réglementer, il n'est point possible d'admettre que le règlement ait été fait sur l'initiative du législateur. Même quand le Parlement a posé les principes de la matière à régler, il est inexact de prétendre qu'il y ait une véritable collaboration. Car on ne voit pas chacun des prétendus collaborateurs apporter des matériaux pour un édifice commun. Ce qu'on voit, c'est un contrôle du gouvernement dans son œuvre réglementaire par le Parlement. Mais ce dernier ne participe pas à la rédaction du règlement.

« Accepter, dit très bien M. NEZARD (³), les bases de la théorie exposée, ce serait détruire toute la catégorie des actes administratifs sur lesquels s'exerce toujours le contrôle parlementaire et pour lesquels peut être toujours mise en jeu la responsabilité politique des Ministres qui répondent des actes du chef de l'Etat, de leurs propres actes et des actes de leurs surbordonnés.

(¹) Duguet : *L'Etat*, t. II, p. 344.

Hauriou : *Droit administratif*, p. 31.

(²) Berthélemy : Le pouvoir réglementaire du Président de la République. *Revue politique et parlementaire*, 1898, p. 5 et 322.

Esmein : *Droit constitutionnel*, 1906, p. 580 et suivantes.

Esmein : De la délégation du pouvoir législatif dans la *Revue politique et parlementaire*, 1894, p. 209 et suivantes.

(³) *Loc. cit.*, p. 280.

Ce serait faire de tous ces actes des actes parlementaires. »

C'est pourtant sur cette idée de la délégation que le
Conseil d'Etat, jusqu'à une époque récente, s'est
appuyé pour soustraire les règlements d'administration
publique, comme la loi elle-même, au recours pour
excès de pouvoir (¹). Cette jurisprudence a changé en
1907. Comment s'est opérée l'évolution ?

D'abord, le Conseil d'État, tout en interdisant le
recours formé directement contre les règlements qui
nous occupent, le déclara recevable lorsqu'il était
dirigé contre les actes pris en exécution de règlements
illégaux. Le Conseil se reconnut par suite compétent
pour examiner si les règlements étaient réguliers en la
forme (6 janvier 1888, Salle). Ensuite, il rechercha s'ils
étaient conformes aux principes posés dans la loi dont
ils étaient considérés comme étant le prolongement
(Arrêté 1ᵉʳ avril 1892, commune de Montreuil-sous-Bois,
8 juillet 1892, ville de Chartres).

Une dernière étape restait à franchir. Du moment
que le Conseil consentait à examiner la légalité des
règlements d'administration publique, à l'occasion de
leur application, par quelle raison logique aurait-il
refusé d'examiner les recours intentés directement
contre ces règlements ?

(¹) 20 décembre 1872, Fresneau, 1ᵉʳ mai 1896, 24 mars 1899.
Jèze : *Principes généraux du droit administratif*, p. 111 et suivantes.

Cette dernière étape fut accomplie, par l'arrêt du 6 décembre 1907 (Compagnies du Nord, d'Orléans, du du Midi, de l'Est, et de l'Ouest).

Il est ainsi conçu :

« Considérant qu'aux termes de l'article 9, de la loi du 24 mai 1872, le recours en annulation est ouvert contre les actes des diverses autorités administratives ;

« Considérant que, si les actes du Chef de l'État portant règlement d'administration publique sont *accomplis en vertu d'une délégation législative* et comportent, en conséquence, l'exercice dans toute leur plénitude des pouvoirs qui ont été conférés par le législateur au gouvernement dans ce cas particulier, ils n'échappent pas néanmoins, et à raison de ce qu'ils émanent d'une autorité administrative, au recours fixé par l'article 9 précité ; que, dès lors, il appartient au Conseil d'État, statuant au Contentieux, d'examiner si les dispositions édictées par le règlement d'administration publique rentrent dans les limites de ces pouvoirs..... » ([1])

Comme on le voit, le Conseil d'État persiste à voir dans le règlement d'administration publique un acte législatif accompli sur délégation du parlement. Néanmoins il reçoit le recours directement formé pour excès de pouvoir contre l'acte réglementaire en considérant que celui-ci émane d'une autorité administrative.

([1]) Sirey, 1908, 3, 1. Voir les conclusions de M. Tardieu, Commissaire du gouvernement.

Il y a dans cette décision une contradiction manifeste (¹). Mais on peut l'estimer peu importante au point
de vue pratique. L'arrêt de 1907 diminue grandement
l'intérêt de la discussion sur la nature du règlement
d'administration publique. Peu importe, pratiquement,
que celui-ci soit fait en vertu d'une délégation du parlement ou en vertu des pouvoirs propres du Chef de
l'État, il est, tout aussi bien que le règlement ordinaire, soumis au recours pour excès de pouvoir.

SECTION II

Les décrets coloniaux.

On sait que, contrairement à l'esprit de la Révolution
qui voulait placer les colonies sous l'empire de la loi
métropolitaine, nos colonies sont soumises dans une
large mesure au régime du décret (²). Le retour à l'idée
révolutionnaire fut, il est vrai, annoncé dans l'article
109 de la constitution de 1848 ainsi conçu : Le territoire
de l'Algérie et des colonies est déclaré territoire français, et sera régi par des lois particulières jusqu'à ce

---

(¹) Hauriou, note Sirey, 1908, 3, 1. Jèze : *Revue de droit public,* 1908,
p. 47 et suite.

(²) Arthur Girault : Principes de colonisation et de législation coloniale.
Tome I : *du législateur colonial,* p. 372 et suivantes.
Tome III : *le législateur algérien,* p. 181 et suivantes.
Duchène : *du régime législatif des colonies,* thèse Paris, 1893.

qu'une loi spéciale les place sous le régime de la présente constitution. Mais la loi spéciale en question ne
fut jamais faite. Et, à la suite du coup d'Etat, c'est une
tendance toute différente qui se manifesta. L'art. 27 de
la Constitution du 14 janvier 1852 disposait : « Le Sénat règle par un sénatus-consulte : 1° la constitution de
l'Algérie et des colonies ».

En exécution de ce texte furent votés les 2 sénatus-
consultes du 3 mai 1854 et du 4 juillet 1866 dont les
dispositions sont, dans leur partie essentielle, encore
aujourd'hui en vigueur.

Le second apporta des modifications relatives aux
attributions des conseils généraux. Le premier seul
nous intéresse ici :

C'est, en effet, sous l'empire de la Constitution de
1852, que le sénatus-consulte du 3 mai 1854 régla la
question du législateur colonial de la manière suivante.
Une distinction fut établie entre deux catégories de colonies : d'une part, la Martinique, la Guadeloupe et la
Réunion, d'autre part, toutes les autres colonies.

Pour la première catégorie, la législation a sa source,
suivant l'importance des matières, dans des sénatus-
consultes, des lois, des décrets portant règlement d'administration publique, des décrets simples ou des arrêtés de gouverneurs. Le principe était le décret simple
(article 7 du sénatus-consulte).

En ce qui concerne la seconde catégorie, l'article 18
décidait qu'elles seraient régies par décret de l'empe-

reur jusqu'à ce qu'il ait été statué à leur égard par un
sénatus-consulte; or, le sénatus-consulte annoncé n'est
jamais intervenu. Il en résulte que ces colonies sont
demeurées soumises à un régime absolument autori-
taire. Pour elles un décret simple n'est pas seulement
le principe, il suffit toujours. L'intervention du pouvoir
législatif ni même celle du Conseil d'Etat n'est jamais
exigée.

On s'est demandé quelle valeur peut avoir conservé,
depuis la chute de l'Empire, le sénatus-consulte de 1854.
Faut-il le considérer comme une annexe de la Constitution de 1852 qui a perdu en même temps qu'elle sa
force obligatoire ? Est-il, au contraire, une simple délégation de pouvoirs au profit de l'exécutif qui conserve
aujourd'hui toute sa force ?

Sans entrer ici dans une discussion qui sortirait du
cadre de notre étude, nous nous rallierons à la solution de M. Girault qui nous semble absolument exacte (¹).
Il serait trop absolu de prétendre que la chute de la
constitution de 1852 ait entraîné l'abrogation du sénatus-consulte dont il s'agit. Car si celui-ci avait disparu,
il n'y aurait aujourd'hui aucune règle, ce qui est inad-
missible. « Il faut bien admettre, dit l'auteur dont nous
adoptons la manière de voir, que le régime établi en
1854 a subsisté provisoirement et s'est maintenu jusqu'à aujourd'hui, bien qu'il ait cessé d'être en harmo-

(¹) Girault : *loc. cit.* t. I, p. 381, 382.

nie avec nos lois constitutionnelles. Mais ce sénatus-
consulte a perdu sa vertu première. Un acte émané du
Sénat impérial ne peut lier une assemblée républicaine.
Il subsiste donc, mais dans les mêmes conditions
qu'une loi ordinaire votée avant 1870.

« La chute du régime impérial l'a déconstitutionalisé ».

Les conséquences sont les suivantes :

Rien n'empêche aujourd'hui les Chambres de légiférer sur les points dont la solution n'a pas été placée
par le sénatus-consulte de 1854 dans les attributions
du pouvoir législatif.

C'est ainsi que plusieurs lois ont été déclarées appli-
cables aux colonies (¹). Mais le Chef de l'État demeure,
à côté du Parlement, législateur colonial. Sans doute
le régime des décrets est très battu en brèche (²). On
peut dire que ce régime est « comme un baraquement
en planches : très commode provisoirement, il ne doit
jamais être considéré comme un abri définitif. La mai-
son en pierre construite d'après un plan réfléchi, solide,
bien close, dans laquelle on ne craint pas les intempé-
ries des saisons, c'est la loi, prudemment élaborée et
longuement discutée, difficile à modifier une fois votée,
abri sûr contre le caprice et l'arbitraire » (³).

(¹) Girault, *loc. cit.*, p. 381 et 382 en note.
(²) Paul Leroy-Baulieu : *De la colonisation chez les Peuples modernes*, 5ᵉ éd.,
t. II, p. 691.
(³) Girault, *loc. cit.*, p. 396.

Mais il n'en est pas moins vrai que ce régime des décrets, quelle que soit la justesse des critiques qu'il mérite, existe.

Le Chef de l'Etat peut, en ce qui concerne les colonies, légiférer par voie de décret.

Le recours pour excès de pouvoir est-il recevable contre les décrets du Chef de l'État intervenant comme législateur colonial ?

Sur ce point la jurisprudence a suivi la même marche que relativement aux règlements d'administration publique, mais elle n'a pas, ainsi qu'en cette dernière matière, franchi la dernière étape. Le Conseil d'État a toujours assimilé les règlements coloniaux aux règlements d'administration publique. En conséquence, il a adopté la même solution pour les uns et pour les autres. Par arrêté du 28 février 1866, Hachette (Sirey, 66, 2, 371) ou du 28 mai 1868, Menouillard (Sirey, 1869, 2, 158) il a admis l'exception d'illégalité contre les règlements coloniaux. La même solution fut consacrée par la jurisprudence judiciaire (Cassation, 20 octobre 1891, Sirey, 1891, 1, 505) ([1]). Mais le recours direct pour excès de pouvoir contre ces règlements est rejeté (Conseil d'État, 16 novembre 1894, Lebon, page 593, Conseil général de la Nouvelle Calédonie).

Or, l'arrêt du 6 décembre 1907, que nous avons ana-

([1]) Add : Cassation, 28 août 1902, Sirey, 1903, 1, 489, 11 septembre, 31 octobre 1902, Sirey, 1903, 1, 490, 5 février 1903, Sirey, 1903, 1, 491.

lysé, impose logiquement la recevabilité du recours
pour excès de pouvoir contre les règlements coloniaux,
puisque ceux-ci n'ont pas, aux yeux du Conseil d'État,
d'autre nature que celle des règlements d'administration publique ([1]).

Les règlements coloniaux sont faits par le Chef de
l'État sur une invitation du Parlement, non plus spéciale, mais générale et permanente. Mais l'auteur
de ces décrets-lois demeure une autorité administrative et il ne peut y avoir plus de fin de non recevoir en
ce qui concerne les règlements coloniaux qu'en ce qui
concerne les règlements d'administration publique.

([1]) Note de M. Michoud, Alger, 5 mars 1894, Sirey, 1896, 2, 89.
Nézard, *loc. cit.*, p. 290.

DEUXIÈME PARTIE

ACTES AYANT LE CARACTÈRE D'ACTES ADMINISTRATIFS

Nous nous sommes occupés jusqu'ici des actes des autorités administratives qui ont été soustraits au recours pour excès de pouvoir parce qu'ils sont considérés à tort ou à raison comme ne présentant pas le caractère d'actes administratifs.

Nous devons maintenant envisager les actes qui échappent à ce recours malgré leur caractère certainement administratif et bien qu'ils émanent indubitablement d'autorités administratives.

Nous voulons parler des actes discrétionnaires de tutelle, puis des actes établissant des situations contractuelles entre l'administration et les particuliers et enfin des actes administratifs non préjudiciables au demandeur.

CHAPITRE PREMIER

ACTES DISCRÉTIONNAIRES DE TUTELLE

Nous savons que la tutelle administrative s'exerce parfois étroitement sur les corps délibérants. Certaines de leurs délibérations doivent être approuvées par des autorités supérieures. Si cette approbation doit être donnée par le corps législatif, on ne peut naturellement concevoir aucun recours contre elle, mais si elle émane d'une autorité administrative, nous devons remarquer que cette autorité est libre de donner son approbation ou de la refuser, qu'elle a, en cette matière, un pouvoir discrétionnaire.

Sans doute, sauf en cas d'approbation législative, un recours pour excès de pouvoir pourra être dirigé contre l'acte approbatif. Mais ce recours ne sera recevable que s'il se fonde sur des irrégularités inhérentes à l'acte considéré en lui-même ; si nous prenons, par exemple, l'arrêté d'un Préfet approuvant la délibération d'un Conseil Municipal, cet arrêté pourra être susceptible de recours s'il n'a pas été pris en Conseil de Préfecture alors qu'il devait l'être, ou si le fonctionnaire, statuant au nom du Préfet, n'avait pas une délégation régulière, ou si, encore, au cas de suppléance l'autorité préfectorale n'avait pas été attribuée au fonctionnaire chargé légalement de cette suppléance.

Mais l'acte est discrétionnaire en ce sens que l'on ne peut par la voie contentieuse ni obliger le préfet à donner son approbation, alors qu'il s'y refuse, ni attaquer l'arrêté préfectoral en temps qu'il approuve une délibération même irrégulière, car sur ce dernier point le Conseil d'Etat n'admet pas que l'on puisse indirectement faire annuler une délibération par un recours dirigé contre l'acte approbatif.

Il en résulte que quel que soit le sort réservé à l'arrêté préfectoral, qu'il soit annulé ou maintenu, la délibération approuvée par cet arrêté n'en subsistera pas moins, si on veut l'attaquer on devra se pourvoir contre elle directement. Mais il faut remarquer que les voies de recours ne sont pas les mêmes, tandis que le pourvoi dirigé contre l'arrêté préfectoral serait porté directement devant le Conseil d'Etat ; au contraire, le recours prévu notamment dans les articles 63 et suivants de la loi du 5 avril 1884, est un recours à deux degrés qui devra être porté d'abord devant le Préfet statuant en Conseil de Préfecture et en appel devant le Conseil d'Etat (Conseil d'Etat : Roussel et Mounier, 5 décembre 1908) (¹).

(¹) Voir *Revue générale d'administration*, année 1909, t. III, p. 427.

CHAPITRE II

On considère que les actes contractuels doivent échapper au recours pour excès de pouvoir ; on applique ici la théorie du recours parallèle que nous étudierons au chapitre suivant ; les parties ayant un autre juge à leur disposition : le juge du contrat, c'est à lui et non au juge de l'excès de pouvoir qu'elles devront s'adresser pour discuter les questions relatives à la violation des clauses de leurs contrats.

Seules les manifestations unilatérales de volonté peuvent donc être l'objet d'un recours pour excès de pouvoir. Sans se servir de la théorie du recours parallèle on peut d'ailleurs s'appuyer sur des raisons historiques pour le soutenir : le recours pour excès de pouvoir n'est en réalité qu'une réclamation hiérarchique perfectionnée : il doit, en conséquence, s'appliquer aux mêmes actes que ceux qui sont soumis au pouvoir hiérarchique, c'est-à-dire aux seuls actes qui émanent de la volonté des agents administratifs et qui émanent de cette volonté exclusivement. Il ne peut pas plus que la réclamation hiérarchique être dirigé entre des actes contractuels à la naissance desquels encourt la volonté des tiers ; MM. Duguit (¹) et Jèze (²) se sont nettement placés à ce point de vue.

Mais il nous reste une question à examiner, car à la naissance des actes contractuels, passés par l'administration, il y a des actes administratifs, délibérations ou approbations ayant le caractère de décisions unilatérales. Contre ces derniers convient-il d'admettre le recours pour excès de pouvoir ? La question est ici très délicate. Le Conseil d'Etat y a longtemps répondu négativement. Le problème se dédoublait. Car les demandeurs en annulation contre les actes unilatéraux dont il s'agit pouvaient être soit les particuliers qui avaient été parties aux opérations ayant suivi ces actes, soit des tiers intéressés mais étrangers aux contrats. Le Conseil d'Etat écarta les recours des uns et des autres.

Pour repousser les personnes qui avaient été parties aux contrats, il invoqua la théorie du recours parallèle, en considérant qu'il avait dû naître du contrat une action contentieuse permettant de poursuive l'annulation de l'opération tout entière devant le juge de ce contrat.

Pour rejeter les recours formés par des tiers étrangers aux contrats, le Conseil dut faire appel à d'autres ar-

---

(¹) *L'Etat, les gouvernants et les agents*, p. 471 et suivantes et p. 741 et suivantes.

(²) *L'Année administrative*, 1903, p. 243.

guments. Il estima que les actes contractuels passés
étaient inséparables des délibérations ou des actes de
tutelle qui leur avaient permis de naître.

L'acte administratif ne faisait-il pas corps avec l'acte
contractuel, de telle sorte qu'on ne pouvait détruire le
premier sans porter atteinte au second ? Or, le juge de
l'excès de pouvoir doit respecter les droits acquis. Cette
manière de voir était approuvée par M. LAFERRIÈRE :
« Le juge de l'excès de pouvoir qui doit respecter les
droits acquis, disait-il, et à qui, souvent, le contentieux
de ces contrats n'appartient pas, doit écarter le recours
qui tend à les remettre en question » (¹).

Cette argumentation péchait par la base. En effet,
un droit acquis ne peut être intangible que s'il a été
acquis régulièrement. Or le demandeur devant le
Conseil d'Etat s'appuyait sur l'irrégularité de l'acte
unilatéral qui avait permis l'acte contractuel.

Critiquable théoriquement, cette jurisprudence ne
l'était pas moins sur le terrain de la pratique et de
l'équité. Elle ne tendait, en effet, à rien moins qu'à
priver les tiers de toute espèce de recours. D'une part,
le recours pour excès de pouvoir leur était fermé.
D'autre part, ils ne pouvaient s'adresser au juge du
contrat, puisqu'ils étaient étrangers à ce contrat.

Aussi est-ce avec raison que le Conseil d'Etat, renon-
çant à sa manière de voir précédente, a reçu les recours

(¹) *Juridiction administrative*, t. II, p. 470.

pour excès de pouvoir dirigés contre les actes de tutelle par des intéressés étrangers aux contrats (arrêts Martin, 4 août 1905, Petit, 29 décembre 1905, Camus et autres, 6 avril 1906). Nulle atteinte n'est portée par là aux parties contractantes. Les droits de celles-ci subsisteront, en effet, aussi longtemps qu'elles n'auront pas elles-mêmes saisi le juge du contrat. Ce juge ne prononcera pas l'annulation du contrat s'il estime qu'il peut subsister malgré l'annulation de l'acte illégal d'autorité ; en ce cas la décision du Conseil d'Etat aura eu son utilité puisqu'elle aura tranché une question de légalité. M. ROMIEU dit, en effet, dans ses conclusions sur l'affaire Martin : « l'annulation que vous avez prononcée aura toujours pour effet de dire le droit, de ne pas fermer le prétoire aux citoyens usant de la faculté que la loi leur reconnaît de censurer l'illégalité, d'éclairer l'opinion publique et de prévenir le retour des pratiques condamnées » ([1]).

Si le juge du contrat prononce l'annulation de ce contrat, les parties seraient à la vérité mal venues à se plaindre. Car les droits qu'elles avaient et qui disparaissent ne leur avaient été acquis que grâce à un acte illégal de tutelle.

En résumé, les actes unilatéraux qui sont à la base des contrats conclus par l'administration n'échappent pas au recours pour excès de pouvoir.

[1] Voir les conclusions de M. Romieu, dans l'affaire Martin, 4 août 1905, Dalloz, 1907, 3, 49.

L'annulation de ces actes n'entraîne pas nécessairement l'annulation des actes contractuels qui les ont
suivis ; elle l'entraîne seulement parfois, mais alors
l'anéantissement de droits irrégulièrement acquis est
parfaitement logique et n'offre rien de contraire à
l'équité.

CHAPITRE III

Est-il nécessaire que l'acte ait causé au demandeur un préjudice direct et personnel ou soit susceptible de lui causer un tel préjudice ? D'ordinaire, on place cette question dans les conditions de recevabilité du recours pour excès de pouvoir qui concernent la qualité du demandeur. Celui-ci doit avoir qualité pour intenter un recours ; or, il n'a pas qualité, a-t-on dit, s'il ne justifie pas d'un intérêt direct et personnel à l'annulation de l'acte qui fait l'objet du recours. L'absence d'intérêt est donc une fin de non-recevoir tirée de la qualité de la personne. Mais il ne nous semble pas douteux que la notion d'intérêt se ramène à celle de préjudice actuel ou éventuel. Dire qu'un individu n'a pas d'intérêt à demander l'annulation d'un acte, c'est dire que cet acte ne lui a pas causé et ne peut pas lui causer de dommage. C'est donc bien moins, en dernière analyse, la qualité du demandeur que la portée et les conséquences de l'acte lui-même qu'il convient d'envisager. En d'autres termes, un acte échappera au recours lorsque, par lui-même, par ses effets, et étant donné les circonstances, il ne sera pas préjudiciable au demandeur. Ces considérations suffisent, nous le pensons, à justifier l'examen du problème du défaut d'intérêt dans une étude qui a pour objet les actes échappant au recours pour excès de pouvoir. Le défaut d'intérêt, en effet, se rattache à la nature même des actes.

Or, quand pourra-t-on dire qu'un acte administratif n'est pas préjudiciable à celui qui prétend le faire annuler? La notion d'intérêt est évidemment sujette à des variations. Plus cette notion sera large, plus largement sera ouverte aux Administrés la voie du recours pour excès de pouvoir.

Or la jurisprudence n'a cessé d'étendre l'idée de l'intérêt requis de la part du demandeur. En cela réside peut-être le côté le plus intéressant de l'évolution libérale de notre Conseil d'Etat.

Des atteintes nombreuses ont été portées à la fin de non recevoir tirée du défaut d'intérêt, c'est-à-dire de préjudice actuel ou éventuel subi par l'auteur du recours.

En premier lieu, la jurisprudence a élargi directement la notion d'intérêt. Nous nous attacherons à le montrer dans une *première section*.

En outre, les arrêts ont tendu au même résultat d'une manière indirecte, ainsi que nous le verrons, en réduisant à sa plus simple expression la fin de non recevoir tirée de l'existence d'un recours parallèle. C'est ce que

nous mettrons brièvement en lumière dans une
deuxième section.

SECTION I

Elargissement de la notion d'intérêt

A l'origine, le recours pour excès de pouvoir tend à
satisfaire l'intérêt particulier du demandeur. Il ne pouvait en être autrement, puisque l'administration locale
était aux mains des représentants du pouvoir central et
que, par suite, ceux-ci ne commettaient d'actes arbi-
traires qu'à l'égard des particuliers ([1]). Telle est la raison pour laquelle le recours du requérant ne fut admis
que s'il justifiait de son intérêt direct et personnel à
l'annulation de l'acte qu'il attaquait. Mais, vers la fin
du second Empire la gestion des intérêts locaux fut
effectivement confiée à des corps électifs. Dès lors le
Conseil d'Etat cesse de voir dans le recours pour excès
de pouvoir uniquement un moyen d'annulation des
actes illégaux de l'Administration. Sans doute, il conserve encore la notion de l'intérêt direct et personnel.

« L'intérêt doit être direct et personnel disait M. Laf-

([1]) Hauriou, note sur les arrêts Bied-Charenton et Poisson, Sirey, 1894,
3, 129. Weber, *loc. cit.*, p. 37.

ferière (¹) ; il ne saurait se confondre avec l'intérêt général et impersonnel que tout citoyen peut avoir à ce
que l'Administration se renferme dans les formes de la
légalité : un tel intérêt peut suffire pour inspirer une
pétition aux pouvoirs publics, mais non pour justifier
une action devant une juridiction contentieuse. Cette
action ne peut se fonder que sur les intérêts propres du
réclamant, car les intérêts généraux ont des représentants investis d'un caractère public auxquels de simples particuliers n'ont pas le droit de se substituer. »

Mais la notion de l'intérêt direct et personnel s'élar-
git. Un simple intérêt moral est regardé comme suffisant ; un recours est reçu contre des actes déjà exécu-
tés par l'Administration parce qu'il peut y avoir un intérêt moral à obtenir l'annulation d'actes illégaux même
après leur exécution (²).

Enfin — et c'est là que se manifeste l'aspect essentiel
et le plus intéressant de l'évolution jurisprudentielle —
le Conseil d'Etat fait participer à l'intérêt direct et personnel un nombre croissant d'individus ou même de
collectivités.

Trois phases peuvent être distinguées dans la marche
de la jurisprudence vers cet élargissement de la notion
d'intérêt :

(¹) *Juridiction administrative*, p. 563.
(²) Laferrière, *juridiction administrative*, p. 437.
Conseil d'Etat, 1ᵉʳ avril, 1887/Schneider.
Conseil d'État, 1ᵉʳ avril, 188/Gravier.
Conseil d'État, 12 avril 1889, évêque de Marseille.

1º A l'origine, un intérêt strictement direct et personnel est exigé. De plus, si l'acte est attaqué pour violation de la loi, il faut qu'il y ait violation d'un droit acquis.

2º Le contribuable est admis, du moins dans une certaine mesure, à se pourvoir contre les délibérations du Conseil Municipal, dans les termes de la loi de 1884, par la voie du recours en la forme de l'excès de pouvoir.

3º Cette extension est transportée dans la matière de l'excès de pouvoir lui-même et elle est appliquée à d'autres catégories d'individus ou à des assemblées délibérantes.

Première Phase

La jurisprudence distinguait suivant les divers chefs du recours pour excès de pouvoir : violation de la loi, incompétence, vice de forme ou détournement de pouvoir. La solution n'était pas la même en ce qui concerne le premier chef qu'en ce qui touche les trois autres.

Si l'acte administratif était attaqué pour violation de la loi, la jurisprudence exigeait qu'un droit acquis fût en même temps violé. Mais la violation d'un droit acquis était-elle une condition supplémentaire de recevabilité ou une véritable condition de fond du recours ? M. Laferrière se prononçait en ce dernier sens. « Il ne

faut pas voir là, disait-il, une simple différence dans les
conditions de recevabilité du recours, une dérogation à
la règle d'après laquelle un intérêt direct et personnel
suffit pour donner qualité à celui qui forme un recours
pour excès de pouvoir ; non, ce qui est en jeu, c'est la
nature même du moyen d'annulation, lequel n'admet
la violation de la loi que si elle est caractérisée et aggra-
vée par la violation d'un droit » ([1]). Pour M. Laffer-
rière, la condition de la violation du droit acquis était
donc une cause du recours et un élément constitutif
de l'excès de pouvoir. C'était une conséquence inévi-
table dans la conception subjective du recours pour
excès de pouvoir. D'autres auteurs, attachés au contraire à la conception objective, voyaient dans la violation du droit acquis une condition supplémentaire de
recevabilité ([2]). Il est à noter du reste, que, postérieurement, le Conseil d'Etat mit le régime des recours
fondés sur la violation de la loi en harmonie avec la
théorie objective, en considérant la situation requise
chez le demandeur (ce qu'on appelait la violation du
droit acquis) bien moins comme une condition supplè-
mentaire de recevabilité que comme un élément de
l'intérêt direct et personnel exigé pour la recevabilité
du recours ([3]).

([1]) *Juridiction administrative*, t. II, p. 532 et suivantes, p. 594.

([2]) Hauriou : *Droit administratif*, 3ᵉ édition, p. 293, Jèze : *Année administrative*, 1903, p. 264 et suivantes. M. Jèze remplaçait d'ailleurs l'expression de droit acquis par celle d'intérêt renforcé.

([3]) Voir notamment l'arrêt du 12 décembre 1903 (Lot) admettant un

Pour les trois autres chefs de recours pour excès de pouvoir, le Conseil exigeait de la part du demandeur un intérêt direct et personnel. Pratiquement, cela revenait à exiger que le demandeur ait été nominativement désigné dans l'acte administratif dont il se plaignait. Mais, cependant, le Conseil d'Etat admettait le recours d'un individu appartenant à une collectivité de fait lorsqu'un acte avait préjudicié à cette collectivité tout entière. Ainsi avait été admis, par exemple, le recours formé par des propriétaires voisins d'un champ de foire contre la décision qui déplaçait le marché. Toutefois, il ne fallait pas qu'il s'agisse d'une personne dont l'intérêt se confond avec celui d'une collectivité administrative organisée. L'électeur, le contribuable, l'habitant n'étaient pas recevables (¹).

Deuxième Phase

La jurisprudence fut conduite à étendre la notion d'intérêt grâce à la voie de nullité prévue par les arti-

archiviste à attaquer pour excès de pouvoir la nomination du directeur des Archives Nationales. Le Conseil estima que Lot, en sa qualité d'Archiviste paléographe, avait un *intérêt personnel* et se trouvait par suite recevable. Voir *Année administrative*, 1903, p. 264, Berthélemy, *Traité*, 3ᵉ édition, p. 889.

(¹) Arrêt Castex, 22 janvier 1886.
Arrêt Bied-Charreton, 10 février 1893.
Arrêt Poisson, 10 mars 1893.
Hauriou, note Sirey, 1894, 1, 129.

cles 65 et 66 de la loi municipale du 6 avril 1884. Ces
textes organisent un recours spécial contre les délibérations des Conseils Municipaux. La procédure se divise
en deux parties. Le recours est formé devant le Préfet
qui statue en conseil de Préfecture. C'est le premier
degré. Puis au second degré, il y a un recours contentieux porté devant le Conseil d'Etat en la forme du
recours pour excès de pouvoir.

Les textes sont ainsi conçus :

Art. 65. — « La nullité de droit est déclarée par le
Préfet en Conseil de Préfecture. Elle peut être prononcée par le Préfet, et proposée ou opposée par les
parties intéressées, à toute époque ».

Art. 66. — « L'annulation est prononcée par le Préfet... Elle peut aussi être demandée par toute personne
intéressée et par tout contribuable de la Commune ».

Il y a donc deux sortes de délibérations, les unes
nulles de droit, visées par l'article 65, les autres, simplement annulables, prévues par l'article 66. Les délibérations nulles de plein droit sont celles qui ont été
prises par un conseil municipal sur un objet étranger à
ses attributions, ou en violation d'une loi ou d'un
règlement d'administration publique. Les délibérations
simplement annulables sont celles auxquelles auraient
pris part des membres du Conseil municipal intéressés
soit en leur nom personnel, soit comme mandataires.
Pour les premières, le recours n'est ouvert qu'aux
parties intéressées ; pour les autres, le recours appar-

tient en outre aux simples contribuables de la commune. Si le législateur a ouvert plus largement le recours contre les délibérations annulables, c'est dans le but de prévenir certaines collusions qui auraient pu se produire.

Si un traité avait été passé au nom de la commune par un Conseil municipal et que ce traité ait été voté par des conseillers intéressés dans le sens de l'article 64, il est fort probable que l'attention du préfet n'aurait pas été appelée sur l'acte en question. Car qu'est-ce qui pourrait en demander l'annulation ? S'il n'y avait eu que la commune et le bénéficiaire de l'acte, les seules parties intéressées, en somme, l'annulation ne se serait jamais produite. Le bénéficiaire ne tient pas à voir tomber le traité ; quant à la commune, elle n'y tient pas davantage, puisqu'elle est représentée par le Conseil municipal. C'est pourquoi le législateur a cru opportun de permettre aux simples contribuables de demander l'annulation.

Telle était du moins l'explication des articles 65 et 66 fournie par M. Marguerie, commissaire du Gouvernement, en 1886, dans l'affaire Castex.

La jurisprudence dénia la qualité d'intéressé au contribuable et elle écarta en même temps son recours se basant sur la théorie du recours parallèle, en considérant que le contribuable pouvait s'adresser au juge de l'impôt.

Mais, le 29 mars 1901, dans l'arrêt Casanova, le Con-

seil d'Etat admit le recours du contribuable, « considérant, dit-il, que la délibération attaquée a pour objet
l'inscription d'une dépense au budget de la commune
d'Olmeto ; que les *requérants contribuables dans cette
commune ont intérêt* dans cette qualité à faire déclarer
cette délibération nulle de droit et qu'ils sont ainsi
parties intéressées dans le sens de l'article 65 de la loi
du 5 avril 1884 ».

La portée de l'arrêt Casanova a été discutée ([1]). On
a prétendu qu'il n'assimilait le contribuable à un intéressé, au sens de l'article 65, que dans l'hypothèse où
la délibération du conseil municipal se traduit par une
inscription au budget municipal, que dans les autres
cas, par suite, le recours du contribuable devait être
rejeté. Il nous semble, au contraire, que cette prétendue
distinction ne se trouve pas dans l'arrêt dont il s'agit.
Celui-ci nous paraît plutôt avoir reconnu que le contribuable, en cette seule qualité, est une partie intéressée et peut se pourvoir devant le Conseil d'Etat.

Quoiqu'il en soit, cette assimilation a été faite par
des arrêts postérieurs. Le Conseil a considéré le contribuable comme intéressé et comme admis à intenter
la voie de nullité de l'article 65 dès l'instant qu'il s'agit
d'une délibération relative au patrimoine communal
(arrêt Cellier, 18 mars 1901, arrêt Petit, 29 décembre
1905 et Camus, 6 avril 1906).

[1] Vergniaud, *loc. cit.* p. 74, 75.

Troisième Phase

L'extension de la notion d'intérêt réalisée en matière de recours en la forme de l'excès de pouvoir (article 65 et 66, loi du 5 avril 1884) a été transportée dans la matière de l'excès de pouvoir lui-même.

Tout d'abord, la jurisprudence unifia les conditions de recevabilité du recours. Elle n'exigea plus que le requérant justifiât d'un droit acquis, lorsque le grief invoqué était la violation de la loi (Arrêts Nolet et Nathan des 1er février 1901 et 22 mars 1904) ; les décisions étaient parfaitement logiques, puisque la condition stricte de l'intérêt direct et personnel était abandonnée.

Puis la jurisprudence étendit d'une manière considérable la notion même d'intérêt. Elle admit les recours du contribuable, de l'habitant et de l'électeur (¹).

Le contribuable avait été considéré comme un intéressé aux yeux de l'article 65 de la loi de 1884. La jurisprudence inaugurée dans l'arrêt Casanova fut développée. L'arrêt Cellier, du 18 mars 1904, décida que les contribuables ont intérêt à faire annuler une délibération par laquelle le Conseil Municipal a voté l'ac-

(¹) Vergniaud : des fins de non-recevoir opposables au recours pour excès de pouvoir, thèse Paris, 1907, p. 78 et suivantes.
Hauriou : Note sous les arrêts Bied Charreton et Poisson, Sirey, 1894, 3, 129.
Weber : Thèse précitée, p. 41 et suivantes.

quisition d'un immeuble. L'arrêt Petit, du 29 décembre 1905, habilita les contribuables à demander l'annulation d'un arrêté préfectoral qui approuvait une transaction votée par le Conseil Municipal et qui avait été pris sans l'avis du Conseil de Préfecture. Cette fois, il n'était plus douteux que le recours pour excès de pouvoir était ouvert aux contribuables. Et l'acte attaqué n'était pas l'inscription d'une dépense au budget communal, mais la gestion du patrimoine communal.

Le 6 avril 1906, l'arrêt Camus déclara des contribuables recevables à demander l'annulation de deux délibérations du Conseil Municipal de Paris relatives à un échange de terrains. Il s'agissait manifestement du recours pour excès de pouvoir, puisque la loi du 5 avril 1884 ne s'applique pas à la Ville de Paris.

Aujourd'hui les contribuables d'une commune sont donc recevables, en cette seule qualité, à attaquer les décisions intéressant les finances de la commune et la bonne gestion de ses biens.

En faveur du recours de l'habitant la jurisprudence est, à vrai dire, moins nette. Il n'est pas contestable que les habitants sont recevables, en cette qualité, à attaquer les règlements de police. Car, étant passibles d'une poursuite devant le juge répressif en cas d'infraction ils peuvent attaquer directement l'acte illégal dont ils peuvent souffrir. Mais la question est de savoir si l'habitant est admis à intenter un recours pour excès de pouvoir ? On peut invoquer en ce sens plusieurs arrêts du Conseil d'Etat.

L'arrêt du 13 juillet 1892 (Samuel) admit la recevabilité du recours d'habitants d'une section de commune contre une décision préfectorale transférant les archives de cette section à une autre. L'arrêt du 27 mars 1896 (Binot de Villiers) a rejeté le recours formé par des habitants contre le décret qui changeait le nom d'une commune, mais la question de recevabilité ne fut pas soulevée, et le rejet ne fut nullement motivé par cette raison que la commune seule aurait eu intérêt ([1]).

Mais la recevabilité du recours de l'électeur n'est plus douteuse pour le Conseil d'Etat. Lors de la discussion de la loi du 5 avril 1884, un sénateur, M. BARAGUON, avait proposé un amendement tendant à ouvrir aux électeurs le recours pour excès de pouvoir contre les délibérations des Conseils généraux prévoyant des sectionnements électoraux irréguliers. Cette proposition fut rejetée. Cependant il y eut des électeurs qui formèrent des recours. Le Conseil d'Etat les écarta d'abord (arrêts Luchetti, 27 juin 1884 et Gaspail, 8 août 1888).

En 1903 un revirement se produisit. Dans l'arrêt du 24 juillet 1903 (commune de Massat) le Conseil déclara

---

([1]) Ont rejeté, au contraire, comme irrecevable, le recours de l'habitant, les arrêts suivants : 12 juillet 1860 (Bayne et Argille), 8 août 1873 (Duucq), 4 août 1905 (Dieuleveult).

Vergniaud, *loc. cit.*, p. 80 et suivantes.

recevable le recours formé par un Maire au nom de
la Commune contre une délibération du Conseil général opérant irrégulièrement le sectionnement de la
Commune. Le Conseil établissait toutefois une distinction entre l'intérêt de la commune et celui de l'électeur. L'intérêt de la commune apparaissait d'abord au
Conseil parce que l'électeur ne souffre du sectionnement irrégulier que postérieurement à l'élection et qu'à
ce moment il dispose d'un recours parallèle devant le
Conseil de Préfecture, tandis que la Commune a un
intérêt moral à l'annulation de ce sectionnement. C'est
en effet sa situation politique et son ordre public local
qui menacent d'être troublés par une opération mal
venue. Elle y a même un intérêt pécuniaire puisque, si
les élections faites sur la base de ce sectionnement irrégulier sont annulées, il faudra recommencer, ce qui
entraîne toujours des frais (¹).

Mais la distinction entre l'intérêt de la commune et
celui de l'électeur fut vite abandonnée par le Conseil.
La même année 1903, le 7 août, dans l'affaire de la
Commune de Saint-Xandre, il déclara que les électeurs
d'une commune ont un intérêt direct et personnel à
obtenir l'annulation de délibérations sectionnant irrégulièrement cette commune. L'existence de l'intérêt
des électeurs apparaît manifestement. Car du sectionnement dépendra une modification du Conseil munici-

(¹) Hauriou, note au Sirey, 1904, 3, 1.

pal dans sa composition ; leur liberté sera limitée dans
le choix des élus par l'attribution d'un nombre déterminé de conseillers à élire dans chaque section ; leurs
propres chances comme candidats éventuels seront
modifiées (¹).

Comme le contribuable, comme l'habitant, du moins
dans certaines décisions, l'électeur est donc reconnu
comme ayant un intérêt distinct de celui de la collectivité dont il fait partie et suffisant pour rendre recevable
le recours pour excès de pouvoir. C'est non seulement
à des individus, mais encore à des collectivités que le
recours pour excès de pouvoir a été ouvert.

Les assemblées délibérantes, Conseil Municipal et
Conseil Général, et les agents décentralisés, Maire et
Préfet, en tant que représentants de la collectivité
locale, ont été admis à demander par la voie du
recours pour excès de pouvoir l'annulation d'une décision de l'autorité administrative considérée comme
violant leurs droits (²).

Le progrès commença par la reconnaissance des
droits des assemblées délibérantes. Les Conseils municipaux ne virent jamais leurs droits à cet égard sérieu-
sement contestés. Car l'article 67 de la loi du 5 avril 1884,

(¹) F. la note de M. Rabany, dans la *Revue générale d'administration*, 1903,
t. III, p. 295.

(²) La protection juridictionnelle des franchises locales contre les em-
piètements des agents centralisés, article de Louis Le Fur, professeur à la
Faculté de droit de Caen, dans la *Revue générale d'administration*, janvier 1911.

leur donnait expressément le droit de se pourvoir en Conseil d'État contre un arrêté du Préfet, annulant leurs délibérations. Aussi de nombreuses décisions du Conseil sont-elles intervenues en leur faveur. Elles peuvent se classer ainsi :

1° Annulation de décret prononçant une dissolution irrégulière : Conseil d'État 31 janvier 1902. Lebon, p. 55,

2° Annulation d'arrêtés préfectoraux inscrivant d'office au budget municipal des crédits en vue de l'acquittement de dépenses pour lesquelles le Conseil Municipal se refuse à voter les fonds nécessaires (arrêts du 10 janvier 1902. Lebon, p. 8, commune de Maule ; 19 décembre 1902, Sirey 1903, 3, 9 Gossain ; 22 juin 1906, Lebon, p. 539 et 540, communes de Saint-Mandé et de Saint-Maur ; 3 août 1907, Sirey 1910, 3, 8, commune d'Auzay ; 8 juillet 1910, commune de Lardy ; le Fur, *loc. cit.*, p. 13 en note) ;

3° Annulation d'arrêtés préfectoraux effectuant pour le compte de la commune une location d'office spécialement la location de maisons d'école quand le Préfet, contrairement au Conseil Municipal, juge l'ancienne école insuffisante. Les lois sur la suppression de l'enseignement congréganiste ont multiplié les recours de ce genre (arrêts des 11 décembre 1903 et 22 avril 1904, communes de Gorre et de Villers-sur-mer, Arrêt du 29 avril 1904, commune de Messé, Sirey 1906, 3, 49. Arrêt 6 juillet 1906, Lebon, p. 603 et 604, communes de Champsegret et de Labastide-Murat ;

4° Annulation des décisions qui annulent les délibérations des Conseils Municipaux en vue de la création
d'un service nouveau, d'une exploitation industrielle,
ou d'une subvention à un établissement privé poursui-
vant un but d'intérêt général (arrêt 26 décembre 1908,
Sirey 1909, 3, 81, communes de Labatisde Saint-Pierre
et de Remoray. Arrêt du 24 décembre 1909, Sirey
1910, 3, 49, commune de la Bassée.

Après certaines fluctuations, le Conseil d'État tend à
se montrer aussi libéral vis-à-vis des Conseils Généraux ('). C'est ainsi que, en 1904, le Conseil Général de
la Loire-Inférieure ayant décidé que le Christ serait
enlevé de la salle du tribunal pour être placé dans celle
du Conseil Général, le Préfet refusa de faire exécuter
cette délibération. Le Conseil Général saisit le Conseil
d'État d'un recours pour excès de pouvoir. Or, le Conseil rejeta le recours au fond tout en le déclarant recevable (arrêt du 4 mai 1906, Lebon, p. 370). Dans
le même sens un arrêt du 22 juillet 1898 (Sirey 1901,
3, 18) avait déclaré recevable le recours formé par le
département de l'Indre contre une décision ministérielle qui, à l'occasion de la construction d'un chemin
de fer d'intérêt général, en faveur duquel était intervenue
une délibération du Conseil Général accordant une
subvention, avait plus tard substitué un nouveau tracé
à celui fixé par l'acte déclaratif d'utilité publique.

(¹ Le Fur, *loc. cit.*, p. 15 et suivantes.

Une jurisprudence de même tendance peut être remarquée en faveur des Agents décentralisés. Pendant longtemps le Conseil d'Etat avait déclaré non recevable le recours pour excès de pouvoir formé par un Maire contre un arrêté Préfectoral excédent les pouvoirs de surveillance hiérarchique du Préfet([1]). Actuellement le Conseil admet ce recours (18 avril 1902, maire de Néris. 13 janvier 1905, Maire de Ténès. 23 janvier 1906, Commune de Balesmes).

A la jurisprudence que nous venons de rapporter se lie intimement la question de savoir si les membres d'une assemblée délibérante, *ut singuli*, ont un intérêt distinct de celui de cette assemblée qui leur permettra d'attaquer des délibérations illégales ? Or, jusqu'à la loi du 5 avril 1884, le Conseil d'Etat admit les pourvois formés par les Membres des assemblées individuellement (16 juillet 1675, Billot, 23 juillet 1875, Laisant).

Le Conseil pensait alors que le corps lui-même c'est-à-dire la majorité n'ayant pas de raison de dénoncer lui-même les excès de pouvoir qui lui sont imputables, nul n'était mieux placé pour les attaquer que les membres de ce corps. Mais cette manière de voir changea lorsque la loi de 1884 par son article 67, ouvrit au Conseil Municipal, et, en dehors de lui, à toute personne intéressée, le recours pour excès de pouvoir contre l'arrêté du Préfet annulant les délibéra -

([1]) 9 décembre 1898, maire de la commune de Broôus, 24 novembre 1899, commune de Mussy-sur-Seine.

tions du Conseil. Le Conseil cessa alors de considérer
les Conseillers municipaux, *ut singuli,* comme parties
intéressées et opposa à leurs recours une fin de non-
recevoir ([1]). Les recours formés par les membres des
Conseils Généraux furent traités de la même façon ([2]).

Mais il y a lieu de remarquer que tout en repoussant
les recours individuels des membres des corps électifs,
au point de vue précédent, le Conseil admet cependant
ces membres à exercer un recours lorsqu'ils sont
lésés dans l'exercice de leur mandat. Ils peuvent alors
demander l'annulation de la délibération irrégulière
qui les atteint dans leurs prérogatives légales (arrêt
Bergeon du 1er mai 1903, Sirey 1905, 3, 1.) admettant
des conseillers municipaux à attaquer la décision par
laquelle un Préfet refusait de déclarer nulle une délibération du Conseil Municipal faisant obstacle à
l'exercice de leur mandat, arrêt Martin du 4 août 1905,
Sirey 1906, 9, 49, déclarant un conseiller général recevable à attaquer une délibération du Conseil Général
entachée d'un vice de forme parce que son objet ne

([1]) Notamment 22 novembre 1889, Feuillerot.

31 Janvier Babault.

24 janvier 1896, Crosnier.

1er juin 1900, Fleury et Lejeas.

8 mars 1901, Durand et Blaynol.

30 janvier 1903, Dupuy et autres.

([2]) 4 janvier 1895, Corps et autres membres du Conseil Général de Cons-
tantine.

20 mars 1897, Rochette.

25 mai 1900, Gaudin.

Weber, *loc. cit.,* p. 46, 47.

figurait pas dans le rapport du Préfet distribué avant la cession du conseil, arrêt Tandière du 9 novembre 1906, Dallez 1908, 3, 42, statuant dans le même sens) ([1]).

SECTION II

Restriction de la notion du recours parallèle

Le recours parallèle est une fin de non-recevoir opposée au recours pour excès de pouvoir et fondée sur ce fait que le requérant dispose d'un autre recours proprement dit (c'est-à-dire une action, non une exception) lui permettant d'obtenir complète satisfaction.

On a coutume de présenter séparément cette fin de non-recevoir, après celles qui sont relatives à la nature de l'acte, à la qualité de la partie et aux formes et délais.

Mais, il nous paraît qu'on peut, logiquement, en vertu de l'observation que nous avons faite au début de ce chapitre, la rattacher aux fins de non-recevoir tirées de la nature même de l'acte. Nous avons en effet ramené le défaut d'intérêt chez le requérant à l'absence de préjudice actuel ou éventuel que l'acte peut causer ; or, l'absence de dommage dépend, pour une bonne part, de l'acte considéré en lui-même, dans sa nature

[1] Weber, *loc. cit.*, p. 47, 48.

et dans ses conséquences. D'autre part, la conception du recours parallèle comme fin de non-recevoir se lie à celle de l'absence de l'intérêt ou du préjudice.

On peut dire que, sous un certain rapport, la fin de non-recevoir tirée du recours parallèle procède logiquement de la fin de non-recevoir basée sur le défaut d'intérêt. Si, en effet, il faut avoir un intérêt pour agir, cet intérêt est la mesure de l'action. Or, si l'intérêt en jeu peut être satisfait par un moyen plus immédiat et plus personnel que le recours pour excès de pouvoir, le demandeur n'a plus de raison de demander la disparition de l'acte.

C'est à ce point de vue que s'est nettement placé l'un des maîtres du droit administratif[1].

« Si, disait M. Laferrière [2], une décision discrétionnaire ne peut jamais blesser que de simples intérêts par les dispositions qu'elle édicte elle peut néanmoins blesser de véritables droits par la manière dont elle est rendue : c'est ce qui arrive lorsque les règles de

---

[1] Dans l'impossibilité de trouver une base légale à la doctrine du recours parallèle, on en a cherché la justification dans des raisons de principe ou d'opportunité (Voir essai sur le recours pour excès de pouvoir, Tournyol du Clos, Thèse Paris 1905, p. 98 et suivantes).

La doctrine en question à d'ailleurs trouvé des adversaires chez M. Ducroq (Droit administratif, t. II, n° 432) chez |M. Berthélemy (Droit [administratif, p. 885) et chez M. Jacquelin (Les principes dominants du contentieux administratif, p. 245). Ces auteurs ont avec raison estimé que la fin de non-recevoir tirée de l'existence du recours appelé parallèle constitue une restriction arbitraire à l'admission du recours pour excès de pouvoir.

[2] *Traité de la juridiction administrative*. t. II, p. 436, 437.

compétence ou de forme ne sont pas observées, car chacun a le droit d'exiger, dans toute décision qui le touche, l'observation de ces règles qui sont la garantie comme de tous les intéressés. C'est ainsi que l'idée de droit lésé, cette idée-mère de tout le contentieux administratif, apparaît aussi dans la matière de l'excès de pouvoir ; sans doute, en présence d'actes discrétionnaires, on n'a pas le droit d'exiger que l'autorité prononce dans tel ou tel sens, mais on a le droit d'exiger qu'elle prononce dans les formes de droit et dans les limites de sa compétence ([1]).

Le recours pour excès de pouvoir, dit encore le même auteur n'est point une sorte d'action publique, d'action populaire que chacun ait la mission d'exercer dans l'intérêt de tous ; nous savons au contraire qu'il ne peut reposer que sur l'intérêt direct et personnel, l'auteur du recours n'a agi qu'en son nom propre et *dans la mesure de son intérêt*. Si donc cet intérêt trouve satisfaction dans une action plus personnelle, plus immédiate dans ses effets que le recours pour excès de pouvoir, la partie n'a plus de raison de demander que l'acte disparaisse : il lui suffit qu'il ne l'atteigne pas, dût-il continuer à atteindre d'autres intéressés moins vigilants.

M. Jèze se rapproche, dans une certaine mesure, de cette manière de voir lorsqu'au nombre des raisons

([1]) *Op. cit.*, t. II, p. 479.

par lesquelles il explique la jurisprudence en cette matière il place le désir d'écarter des recours inutiles ([1]). Cette considération de l'inutilité du recours pour le demandeur n'est en somme qu'une forme atténuée de l'idée suivant laquelle le demandeur ne peut agir que dans la limite de son intérêt.

Nous n'avons point ici à étudier dans son ensemble la doctrine du recours parallèle. Qu'il nous suffise de dire que nous croyons devoir l'expliquer avec M. Berthelemy ([2]) par l'origine historique du recours pour excès de pouvoir. Etant donné que primitivement, ce recours se confondait avec la réclamation hiérarchique, il était tout naturel qu'il ne fût admis qu'autant qu'il n'y avait, pour obtenir protection, aucun moyen juridictionnel normal. La fin de non-recevoir en question apparaît donc en somme comme une survivance d'un régime disparu.

Ce qu'il importe seulement que nous retenions, pour notre présente étude, c'est que, en même temps que la jurisprudence élargissait la notion d'intérêt exigé du demandeur pour recourir en excès de pouvoir, elle

---

([1]) Trois raisons principales, dit M. Jèze, ont poussé la jurisprudence à établir cette règle :

1° Le désir d'écarter les recours inutiles ;

2° Le désir de ne point empiéter sur la compétence d'autres autorités juridictionnelles ou quasi-juridictionnelles ;

3° le désir d'éviter, dans la mesure du possible, les décisions jurisprudentielles contradictoires (année administrative 1903, p. 273).

([2]) *Droit administratif*, p. 917.

adoucissait et elle restreignait la conception du recours parallèle.

Le Conseil d'Etat interprète maintenant d'une manière restrictive la notion du recours parallèle et il en fait bien moins facilement qu'autrefois une fin de non-recevoir susceptible d'écarter le recours pour excès de pouvoir ([1]).

Jusqu'à l'arrêt Casanova, nous l'avons vu, les contribuables ne pouvaient attaquer par la voie de l'excès de pouvoir les délibérations d'un Conseil Municipal ouvrant irrégulièrement des crédits. Les contribuables avaient en effet un recours (parallèle) en décharge ou en réduction devant le Conseil de préfecture. Le Conseil d'Etat a fini par admettre le recours pour excès de pouvoir par ce motif que seul ce recours permet d'annuler la décision illégale, tandis que les autres recours la laissent subsister.

De même, jusqu'en 1903, le Conseil d'Etat refusait aux électeurs d'une commune sectionnée le recours pour excès de pouvoir contre la délibération du Conseil Municipal ayant établi irrégulièrement ce sectionnement. Le prétexte était que les électeurs, outre qu'ils ne justifient d'aucun intérêt direct et personnel disposent d'un recours contentieux contre l'élection devant le Conseil de préfecture : mais ce recours permet seu-

---

([1]) Weber, *loc. cit.*, p. 64 et suivantes, Tournyol du Clos, *loc. cit.*, p. 99 et suivantes.

lement aux électeurs d'obtenir l'annulation de l'élection, non pas celle du sectionnement lui-même. Le
recours en excès de pouvoir contre le sectionnement
irrégulier fut admis par l'arrêt Chabot du 7 août 1903
comme seul susceptible de donner satisfaction complète aux intéressés.

Enfin le Conseil d'Etat avait longtemps écarté le recours pour excès de pouvoir formé contre des actes administratifs qui servent de base à des contrats par des
intéressés étrangers aux contrats, ou même par des requérants, parties aux opérations contractuelles ayant
suivi ces actes. En cette dernière hypothèse, le Conseil
opposait la fin de non-recevoir tirée de l'existence d'un
recours parallèle parce qu'il considérait que le contrat
avait dû donner naissance à une action contentieuse
permettant de faire annuler l'opération tout entière
(19 décembre 1879, fabrique de Marans, Lebon, p. 838 ;
28 décembre 1900, Devaux, Sirey 1903, 367 ; 24 juillet
1903, Morand, Lebon, p. 540). Mais, à la fin de 1903, le
Conseil se montra plus libéral. Il considéra que le requérant, n'ayant pas à sa disposition le recours pour
excès de pouvoir, devait attendre que la question pré-
judicielle de la validité de l'acte administratif ait été
tranchée par le tribunal administratif sur le renvoi fait
par le juge du contrat ; que dès lors, il n'y avait pas
deux recours parallèles, puisque le requérant avait intérêt à disposer de l'un et de l'autre (arrêt du 11 décembre 1903, commune de Gorre). Les arrêts suivants dé·

clarèrent de même le recours opposable sans lui opposer la possibilité de l'action devant le juge civil
(22 avril 1904, commune de Villers-sur-Mer; 29 avril
1904, commune de Messé, 6 juillet 1906, commune de
Labastide-Murat).

On voit donc, ainsi que l'a dit M. Weber ([1]), que
« préoccupé d'ouvrir le plus largement possible aux
administrés l'accès du recours pour excès de pouvoir,
le Conseil d'Etat s'efforce de donner aux mots « recours parallèle » un sens très précis; à prendre ces
mots au pied de la lettre, il existe très rarement deux
recours parallèles, c'est-à-dire deux recours tendant au
même but et produisant le même résultat (annulation
de l'acte *ergo omnes*).

([1]) *loc. cit.*, p. 67, 68.

CONCLUSION

Parvenus au terme de cette étude, nous pouvons en marquer les résultats positifs et formuler les désidérata qu'ils nous suggèrent.

Nous avons constaté de la part de notre jurisprudence une tendance très réelle à soumettre au contrôle juridictionnel la presque totalité des actes émanés des autorités administratives.

Le Conseil d'État a réalisé un progrès considérable en assujettissant les règlements d'administration publique au recours pour excès de pouvoir, en admettant plus largement les recours contre les délibérations des corps électifs et contre les actes de tutelle administrative.

La jurisprudence a surtout bien mérité des administrés en élargissant très libéralement la notion de l'intérêt exigé chez le demandeur, en restreignant la fin de non-recevoir tirée de l'existence d'un recours parallèle. Ainsi la porte du recours pour excès de pouvoir s'est ouverte pour un grand nombre d'individus devant lesquels elle demeurait autrefois fermée.

Cette extension de la notion d'intérêt a donné nais-

sance à la théorie du contentieux objectif c'est-à-dire à
celle qui considère le recours pour excès de pouvoir
comme une sorte d'action publique ou populaire que
chacun aurait mission d'exercer dans l'intérêt de
tous (¹). On a pensé qu'il est impossible dans la conception d'un contentieux subjectif, d'un droit basé sur
l'intérêt de l'individu, d'expliquer les arrêts qui ont
ouvert le recours pour excès de pouvoir au contribuable ou à l'électeur. Sans entrer ici dans une discussion qui serait peut-être d'un genre presque entièrement idéalogique, nous dirons que la solution
du problème nous semble avoir été fournie par
MM. Jellineck et Barthélemy (²) suivant laquelle il existe
des droits subjectifs publics, c'est-à-dire des droits basés
sur l'intérêt qu'ont tous les administrés au respect de la
légalité. Ces droits pour n'être pas patrimoniaux, n'en
existent pas moins. Le contribuable, l'électeur n'ont-
ils pas un véritable intérêt au respect des formes, des
compétences, et d'une manière générale, de la légalité
administrative ? Chacun des contribuables, chacun des
électeurs a cet intérêt. On ne peut donc pas dire que

(¹) Hauriou : notes dans Sirey, 1901, 3, 73, 1904, 3, 1. *Précis de droit
administratif*, p. 270.

Duguit : *L'état, les gouvernants et les agents.*

Jèze : *Revue générale d'administration* 1903, t. III, p. 276.

Tournyol du Clos : *Essai sur le recours pour excès de pouvoir*, thèse
Paris, 1905.

(¹) *Essai d'une théorie des droits subjectifs des administrés*, thèse Toulouse,
1899.

celui-ci n'est pas personnel. Quant à jouer sur le mot direct, il peut y avoir là une agréable manœuvre de scolastique, mais qui ne peut reposer sur rien de scientifique. Or, c'est cet intérêt, vraiment personnel que possède chaque citoyen au respect de la légalité qui fonde son droit subjectif. Nous ne voyons donc aucune raison d'abandonner la conception subjective du contentieux, dérivant de cette idée traditionnelle que le droit est un intérêt individuel protégé par une sanction. L'action populaire elle-même se ramène à la notion de l'intérêt individuel. Car celui qui agit dans l'intérêt de tous ou dans l'intérêt de la loi agit dans son propre intérêt. Si une action est ouverte à tous, c'est que chacun a un intérêt personnel à sauvegarder en l'exerçant.

L'idée d'un l'intérêt personnel chez celui qui intente un recours pour excès de pouvoir, d'un intérêt conçu d'une manière large et libérale sans doute, mais d'un intérêt vraiment existant, nous semble en définitive suffire pour l'explication de la jurisprudence dont il s'agit.

A cette jurisprudence que reste-il à faire pour achever l'évolution qu'elle a commencée ?

Nous souhaiterions qu'elle renonçat complètement à la conception des actes de gouvernement qui ne se justifie, nous l'avons vu, ni au point de vue théorique ni au point de vue des textes. En réalité, les actes ainsi appelés sont des actes administratifs.

En outre un progrès reste à accomplir en matière de

règlements d'administration publique. Bien que ceux-
ci soient désormais soumis au recours pour excès de
pouvoir, le Conseil d'Etat persiste à admettre qu'ils
interviennent en vertu d'une délégation donnée par le
Parlement au Chef de l'Etat. Nous avons vu que ces
réglements sont rendus par le Président de la République en sa qualité d'autorité administrative. Mais
cette critique est d'ordre théorique. Il en est une plus
grave pratiquement. Les décrets du Président de la
République qui sont relatifs aux Colonies, ont pour le
Conseil d'Etat, la même nature que les règlements
d'administration publique ; le recours pour excès de
pouvoir devrait donc être admis contre les uns aussi
bien que contre les autres. Dans les deux cas, suivant
nous, le Président agit à titre d'autorité administrative.

En définitive, il résulte de cette étude, qu'il ne nous
paraît utile de soustraire complètement au contrôle
juridictionnel du Conseil d'Etat que deux catégories
d'actes :

1° les actes du pouvoir judiciaire même quand ils
ont été accomplis par des personnalités ayant en même
temps la qualité d'agents administratifs. Les actes de
police judiciaire exercés par les préfets et les maires, la
procédure judiciaire de l'extradition suivie par le ministre ; les actes juridictionnels de nos consuls en
Extrême-Orient, rentrent dans cette catégorie. La raison en est simple ; les actes du pouvoir judiciaire ne

peuvent en effet être censurés par la juridiction administrative ;

2° les actes accomplis par le Président de la République non pas en sa qualité d'agent administratif,
mais en sa qualité de représentant de la souveraineté.

Nous ferons donc échapper au recours pour excès
de pouvoir uniquement les actes qui concernent les
attributions diplomatiques du Président et ceux qui
touchent à ses prérogatives constitutionnelles vis-à-vis
des Chambres. Quand il agit à ce titre, le Chef de l'Etat
participe de la souveraineté législative.

Pour tout résumer d'un mot, nous dirons que la juridiction administrative doit s'arrêter là où elle empié-
terait sur l'autorité judiciaire ou sur le pouvoir législatif. Mais la juridiction administrative doit s'étendre
jusqu'à ces limites.

Alors on pourra affirmer que la protection des administrés contre la puissance publique est complètement
organisée.

Vu : le Président,
H. BERTHÉLEMY.

Vu : le Doyen,
    P. CAUWÈS.

Vu et permis d'imprimer :
Le Vice-Recteur de l'Académie de Paris,
Pour le Vice-Recteur :
L'Inspecteur de l'Académie,
J. COMBARIEU.

TABLE DES MATIÈRES

PREMIÈRE PARTIE

ACTES N'AYANT PAS LE CARACTÈRE D'ACTES ADMINISTRATIFS

DEUXIÈME PARTIE

ACTES AYANT LE CARACTÈRE D'ACTES ADMINISTRATIFS

Saint-Amand (Cher). — Imprimerie BUSSIÈRE.

www.ingramcontent.com/pod-product-compliance
Lightning Source LLC
Chambersburg PA
CBHW071514200326
41519CB00019B/5939